La institución emergente. Entrevistas

# La institución emergente. Entrevistas
## Open Studio III

Mailyn Machado

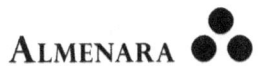
Almenara

Consejo Editorial

| | |
|---|---|
| Luisa Campuzano | Waldo Pérez Cino |
| Adriana Churampi | Juan Carlos Quintero Herencia |
| Stephanie Decante | José Ramón Ruisánchez |
| Gabriel Giorgi | Julio Ramos |
| Gustavo Guerrero | Enrico Mario Santí |
| Francisco Morán | Nanne Timmer |

© Mailyn Machado, 2018
© Almenara, 2018

www.almenarapress.com
info@almenarapress.com

Leiden, The Netherlands

ISBN 978-94-92260-30-7

Imagen de cubierta: Osvaldo González (2015): «Donde reposa la mirada». Óleo sobre lienzo, 200 x 150 cm. Cortesía del artista.

All rights reserved. Without limiting the rights under copyright reserved above, no part of this book may be reproduced, stored in or introduced into a retrieval system, or transmitted, in any form or by any means (electronic, mechanical, photocopying, recording or otherwise) without the written permission of both the copyright owner and the author of the book.

Epílogo . . . . . . . . . . . . . . . . . . . . . . . . . . . .7

ESTUDIO FIGUEROA-VIVES

 Cristina Vives: Estudio es lo que sigue
 pareciéndose a la realidad . . . . . . . . . . . . . . . . . . . . 13
 Estudio Figueroa -Vives / Embajada de Noruega en La Habana:
 Exposiciones 2014-2017 . . . . . . . . . . . . . . . . . . . . 31

ESTUDIO DE ALEJANDRO CAMPINS

 Alejandro Campins: Los talleres de pintura . . . . . . . . . . . 41
 Taller de infracciones pictóricas . . . . . . . . . . . . . . . . . 59

ESTUDIO DE HENRY ERIC HERNÁNDEZ Y CELIA-YUNIOR

 Henry Eric Hernández-Celia González: Transdisciplinariedad.
 Arte y Ciencias Sociales . . . . . . . . . . . . . . . . . . . . . 67
 Notas de presentación para un taller *in progress* . . . . . . . . . 79

ARTE CONTINUA

 Lorenzo Fiaschi: Anclados en el territorio . . . . . . . . . . . . 85
 Arte Continua Habana. Exposiciones 2015-2017 . . . . . . . . 95

EL APARTAMENTO

 Christian Gundín: Salir al mundo . . . . . . . . . . . . . . . 103
 El Apartamento: Exposiciones y ferias de arte, 2015-2017 . . . 117

# Epílogo

*Open Studio* se completa con su bibliografía, un material referencial y de campo generado por el proyecto. Si *Los años del participacionismo* congregan fuentes testimoniales dispersas, las entrevistas de *La institución emergente* fueron producidas para la investigación. A través de la interacción directa, la correspondencia electrónica o la combinación de ambas, los intercambios aquí reunidos sistematizan las acciones de algunos de los estudios examinados al cierre del primer volumen.

El valor de la información aportada por los encuestados, a la que se suman archivos visuales y documentos, superó las posibilidades de una inclusión exhaustiva dentro del ensayo. Y aunque la actualidad de las declaraciones viabilizaba su circulación inmediata en publicaciones periódicas, dispersarlas hubiera omitido el diálogo y con él la oportunidad de ofrecer una presentación plural del fenómeno. La autonomía del coloquio resultante –este último volumen de *Open Studio*– delinea la secuencia emergente para el arte cubano desde las interioridades de su funcionamiento. Como se deduce de las acotaciones de los entrevistados, se trata de un algoritmo en proyecto. Su activación espontánea, como sumatoria de alternativas domésticas, ha experimentado adaptaciones según las variaciones del contexto.

La institución artística en Cuba fue resultado también de la intervención «informal». Su constitución se enmarca en el cruce de la casa taller de los años setenta y la instauración de una institucionalidad importada. Las contradicciones surgidas en el acomodo de los esquemas soviéticos a las demandas del participacionismo local perfiló el sistema de la cultura en los años ochenta. Durante el colapso del socialismo europeo, el arbitraje estatal logró imponerse al artístico, seguido del abandono por los creadores de la asistencia a la institución. La búsqueda de soluciones individuales acompañó a la crisis económica y política que dio origen a la desmasificación de la sociedad. La domesticación del arte en los años noventa tramitó el enlace directo entre el taller casero y el sistema artístico global.

El paso de la desinstitucionalización popular de fines de siglo a la reinstitucionalización del país en la apertura del milenio inauguró la evolución del estudio hacia su asentamiento fijo. El peregrinaje había distinguido la primera fase de su autonomización –ensayo con modelos productivos y de promoción asociados a entidades foráneas, y hospedaje expositivo en espacios siempre ajenos. El carácter nómada de las acciones, y su consiguiente deslocalización espacial, individualizó la gestión en el modelo pragmático del creador, velando la centralidad del atelier en la nueva dinámica de la cultura.

La visibilidad del estudio se acompañó de la propagación de su nomenclatura. Su empleo más frecuente había sido hasta entonces en su acepción de «taller». La producción continuaba definiendo su emplazamiento doméstico, a pesar de la superposición del hábitat y el ejercicio promocional. Sería la exteriorización de las prácticas sistematizadas en el espacio aún residencial del artista, más que la asimilación de nuevas acciones, lo que propició la codificación del estudio en la entrada del siglo.

La estabilización de la categoría arribó con su asentamiento urbano. En la planificación interna de la vivienda adquirida para el alojamiento exclusivo del arte se fueron desdoblando las múltiples facetas del trabajo asumido por el artista. La focalización, antes centrada en el creador, se orientó hacia el estudio como nuevo promotor de la gestión cultural. La compraventa de obras, con la que se identificó en un primer momento su función, se ha expandido a la asimilación de actividades deprimidas o ausentes del sistema artístico local. La consiguiente especialización del taller ha dispuesto su formato y la posición del artista como gestor a la apropiación de otros agentes del campo, como el experto o el coleccionista de arte nacional.

La normalización del fenómeno ha sido fruto de su propagación informal. El marco legislativo cubano no ha empezado a imaginar la evolución institucional del estudio. El empleo de alternativas reglamentarias para su respaldo jurídico ha permitido su multiplicación en el espacio gris de lo no regulado. De ahí que, a pesar del carácter permanente de su establecimiento –inmuebles adquiridos y capitalmente reestructurados para la exhibición–, el taller contemporáneo se conciba en perspectiva: como proyecto. La paradoja de su estabilización física y su fluidez conceptual ha promovido la anticipación de formatos revolucionarios para el centro de arte y su política de funcionamiento. La mutación y adaptación perpetuas del estudio a las variaciones del contexto determinan su potencialidad innovadora.

Si bien el desequilibrio del sistema cubano –en revisión desde que Raúl Castro asumiera la presidencia del país en 2008– ha propiciado la reinvención del atelier, también ha retardado su autocomprensión como secuencia colectiva. Su condición de emprendimiento no regulado ha ceñido los esfuerzos de los espacios emergentes al desarrollo de su sostenibilidad.

El mercado turístico del arte, que el incremento de los viajes *people to people* y las brechas de las regulaciones para los intercambios entre Cuba y los Estados Unidos han logrado fomentar, concretó el auge del estudio. Su desplazamiento internacional, tras el éxito global tramitado para el artista por la versión casera de los años noventa, se direccionó nuevamente hacia la isla con la legalización de la compraventa de viviendas en 2011. Del balance entre la comercialización del arte al paseante de la cultura y la gestión del modelo pragmático de creador, han resultado los formatos institucionales del atelier contemporáneo.

La creación de centros artísticos caseros ha hecho del circuito *pop-up* de los *open studios* –activado de manera espontánea para las bienales de La Habana desde 1994– una secuencia de arte a tiempo completo. Su configuración se perfiló con la edición de 2015. El primero de los eventos habaneros efectuados tras la normalización de las relaciones entre Cuba y los Estados Unidos funcionó como plataforma de presentación internacional de algunos de los proyectos independientes más influyentes del momento. Además de los formalizados por el taller, como Artista

X Artista y El Apartamento, la XII Bienal introdujo actores foráneos al algoritmo autónomo local. Galleria Continua se conserva como la única sede expositiva extranjera asentada en la isla.

    El liderazgo del estudio en la activación cultural de la sociedad ha colaborado en la comprensión del fenómeno como una secuencia cada vez más completa y eficaz que la regida por el Estado. La autoconsciencia de gestores y espacios sobre la centralidad del circuito que integran –menos alternativo que dominante a pesar de su reciente emergencia– sellará, mucho antes de alcanzar su reconocimiento legal, su consolidación como nuevo sistema del arte.

Estudio Figueroa-Vives

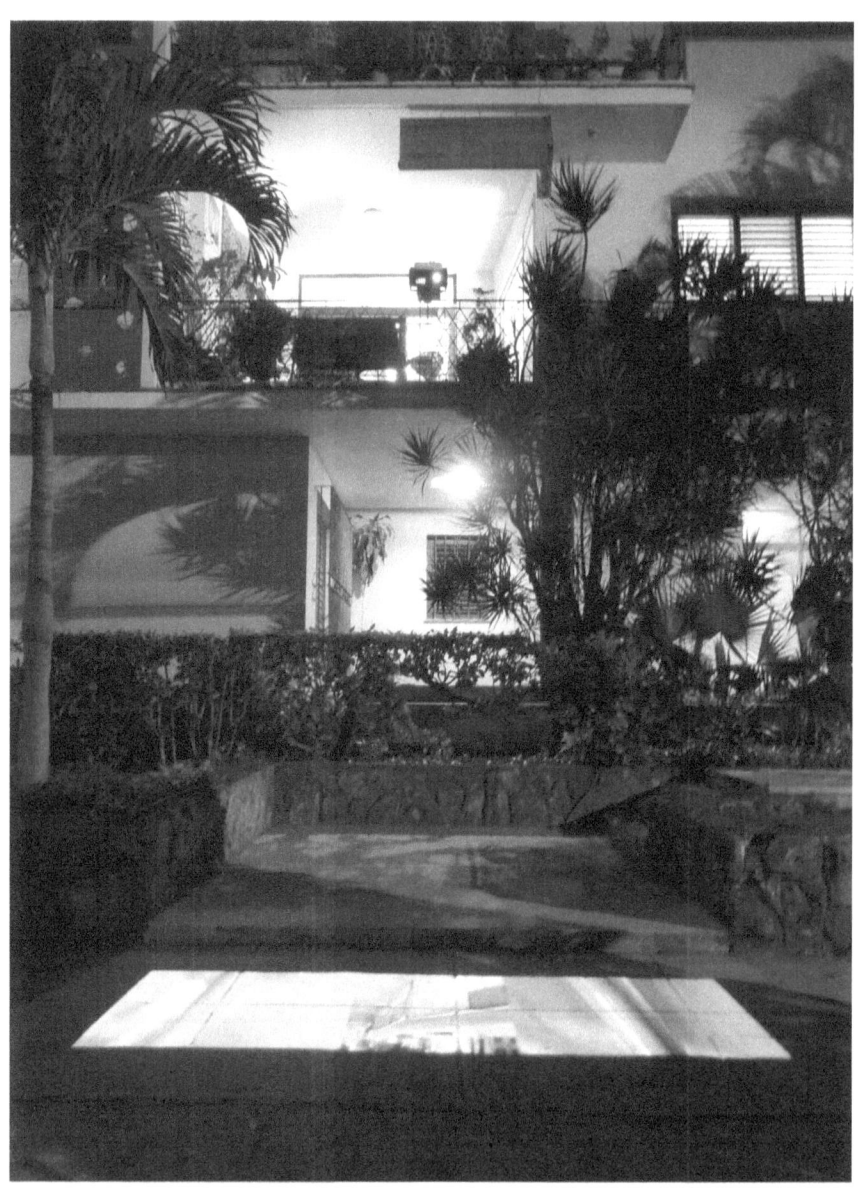

Vista de la exposición *Light es luz*, diciembre de 2014. Alexandre Arrechea, 2014. Cortesía del Estudio Figueroa-Vives.

# Cristina Vives: Estudio es lo que sigue pareciéndose a la realidad

*La mutabilidad ha sido uno de los rasgos fundamentales del Estudio Figueroa-Vives. Desde su activación en los años setenta, la familia ha modelado los formatos de trabajo en función de sus residencias y la realidad social correspondiente. Este espacio ilustra las diferentes facetas del taller doméstico de la Revolución y su relación con el sistema de la cultura.*

*El Estudio Figueroa-Vives se ha convertido en uno de los espacios más importantes en el panorama artístico cubano.*
¿Tú lo sientes así?

*Absolutamente. Creo que están desarrollando un trabajo sistemático de gran valor.*
Yo creo que estamos haciendo un trabajo serio y por momentos muy tenso, porque aquí las relaciones de todo tipo, y sobre todo en el terreno de las ideas, pasan ante todo por el tamiz de la política. Entonces, lógicamente, hay momentos de mayor observancia, por decirlo de alguna manera: qué está haciendo la gente, con quién se reúne, con quién colabora, qué tipo de auspicios recibe, hacia donde enfoca sus proyectos. Eso no es noticia: todo se mueve al vaivén de la política. Siempre ha sido así.

*Me gustaría que repasáramos los orígenes del estudio. ¿En qué momento comienza a funcionar y bajo qué sombrilla legal —de existir alguna en aquel entonces?*
Nunca ha existido una sombrilla legal. Como estudio, nunca se llamó así. Ese concepto no existía. Simplemente era la casa donde vivíamos. Quien en realidad empezó a hacer de aquella primera casa un espacio de debate de arte, de reuniones entre artistas, de generación de proyectos, de

organización de exposiciones cuando se podía, e incluso de dar clases, fue [José A.] Figueroa. Él era entonces un joven artista que se había quedado solo en una casa en 17 entre K y L, en El Vedado, un espacio muy sui géneris, o sea, un apartamento moderno absolutamente vacío de muebles, porque se los había «comido» todos para vivir, como solía decir y como correspondía a una persona que se había quedado sola en este país. Vivía, eso sí, rodeado de artistas del mundo del teatro, del cine y la fotografía que fue lo que después definió su carrera y también la mía. Ahí había un caldo de cultivo al que yo me sumé. Cuando yo llego a esa casa, en el año 77 o 78, que nos casamos, con veintidós, veintitrés años, graduada de la escuela de Letras, me encuentro exactamente el ideal de lo que yo pensaba que tenía que ser un espacio para el arte. Es decir, un sitio donde se reunía gente del mundo de la cultura –y no estoy hablando sólo de las artes plásticas–, y donde se pensaba todo el tiempo en términos de arte, aún con las dificultades que en ese momento había para pensar en un proyecto independiente. Ese espacio me permitió aprender. Primero en aquella casa y luego haciendo el libro *Memoria: Cuban Art of the 20th Century* con mi colega José Veigas. Esas fueron mis dos grandes escuelas, fuera de la escuela de Letras, por supuesto.

Cuando empecé a trabajar en el año 84 en la Dirección de Artes Plásticas del Ministerio de Cultura, aquella era una institución de arte muy diferente en estilo, en concepto, en perspectiva, en inteligencia a la que es ahora, que es muy penosa, por no usar otra palabra, y lo que hice fue desarrollar toda esa idea que tenía. Es una cosa muy diferente manejar una galería, o manejar una institución, o un proyecto artístico cualquiera, si tú no conoces cómo vive, cómo piensa un artista, cómo se crea el arte. Y yo tuve esa experiencia primero. Empecé a vivir con un artista, rodeada de artistas de muy diversos campos del arte, y empecé a entender cómo se generaba el arte. A partir de ahí me sentí mucho más preparada, no teóricamente, sino en la práctica, para saber cómo mover un proyecto, cómo dialogar con un artista.

Cuando llegué a la institución Arte en ese año 84, justo dos meses antes de la primera Bienal de La Habana, vi por dentro cómo se desarrollaba la primera dirección de la Bienal –que debo insistir, fue concebida y organizada por el Ministerio de Cultura y no por el Centro Wifredo Lam que no existía entonces–, yo combiné dos cosas: lo que traía como ADN de la vida real viviendo veinticuatro horas en una casa de artistas y lo aprendido en la Escuela de Letras de la Universidad de La Habana, con una nueva manera de ver institucionalmente el arte. Allí fue donde realmente empecé a organizar todas esas experiencias. Porque a pesar de todo lo que se dice, y a veces lo dicen los propios artistas olvidando lo que fue la institución Arte en la década del ochenta, la institución no era un paraíso porque nunca podría serlo, pero fue bastante cercana a lo que debía ser una manera de entender a los artistas, y de entender cómo debía ser un curador, alguien que se dedicara a trabajar con y para el arte y sus creadores. Honestamente, todo lo que aprendí entonces y lo que transmito hoy, incluso la manera en que vivimos como Estudio hoy, es lo más parecido posible a lo que heredé de esos años ochenta, entre el 84 y el 90.

*¿Durante todos esos años estuviste vinculada al Ministerio?*

Sí, primero a la Dirección de Artes Plásticas, que era la organización que existía, dirigida por Beatriz Aulet. Después en el 89 se crea el Consejo Nacional de las Artes Plásticas con Marcia Leiseca a la cabeza. Las instituciones se empiezan a organizar. Es un momento de institucionalización diferente al del 76, políticamente muy diferente. Se intentaba dar autonomía, real autonomía, a las instituciones, y definir perfiles de trabajo para cada una: el Museo Nacional de Bellas Artes, el Fondo Cubano de Bienes Culturales, se creó el Centro de Desarrollo de las Artes Visuales, todos aglutinados en el Consejo de las Artes Plásticas por consenso, no por directiva –algo que hoy es impensable. Era simplemente un Consejo colegiado, y cada una de las instituciones tenía su independencia. Yo estuve ahí hasta el 90. Después de *El objeto esculturado*, aguanté unos meses más a ver qué iba a pasar, hasta que me fui.

*Esa primera etapa de colaboración y convivencia de la casa de 17 y K como centro de arte, me recuerda el proceso de formación de* Volumen I, *una especie de conspiración que se formaba en la vivienda-taller de arte, y que a veces lograba insertarse en el espacio institucional a través de una exposición.*

Sí, hay una acción que tiene que ver con el individuo y con la vida diaria, y que no tiene nada que con ver con los dictámenes de una política, y eso es lo que al final hace la naturaleza del arte. No es a la inversa. La naturaleza de las artes visuales, como la de cualquier creación, es una naturaleza privada. Eso después entra y se trata de insertar dentro de una estructura. Pero esa estructura tiene que estar hecha en función del arte y no a la inversa. Yo sí creo, porque lo viví, que en los ochenta –aunque muchos artistas olviden y hablen en términos absolutos– hubo una institución Arte que trató, dentro de la estructura política del país y el organigrama de poder, de desarrollar el arte en función de la creación y el artista, no en función de administrativos ni de instituciones. La institución tenía que moldearse en función de eso. O sea, había un nivel de prioridades.

Ese era el proceso en el que funcionaba nuestra casa en los años ochenta. Estaba la labor que yo hacía en el Ministerio, la que me tocaba, y que iba trasladando también a la casa. El estudio tuvo su génesis con una generación de artistas e intelectuales a la que me sumé, porque yo era mucho más joven, pero luego empiezo a sumar la generación con la que yo trabajaba desde la institución. Entonces, nuestra casa se convirtió en un espacio de intercambio entre generaciones y muy diferentes campos del saber y del hacer. Porque ahí se mezclaban, como te comentaba, el teatro, las artes visuales, la música, el cine y la fotografía –que nunca ha llegado a ser parte total del sistema de la plástica, siempre tiene como un *handicap* extraño.

El primer grupo de artistas con los que empiezo a trabajar de manera independiente, dentro del estudio, de la casa –Los Carpinteros, Fernandito [Fernando Rodríguez], Raúl Cordero, Tania Bruguera, Ibrahim Miranda, Belkis Ayón–, comienza a conocer a Korda [Alberto Díaz Gutiérrez], por poner un ejemplo, y este, a establecer un diálogo con ellos. Comienza a vincularse con la fotografía, y las generaciones anteriores de fotógrafos, o empieza a relacionarse con cineastas, con gente del

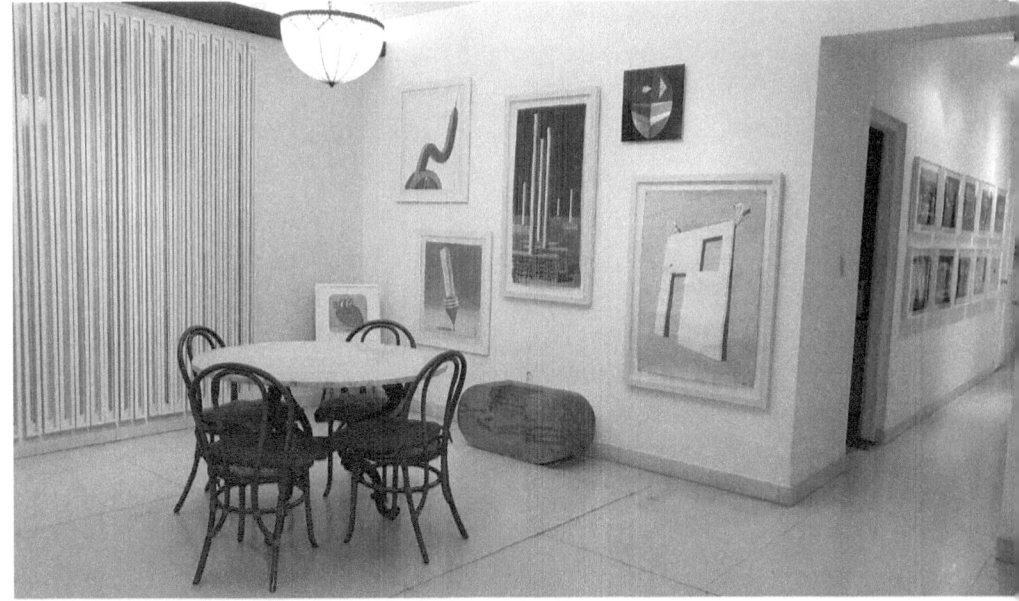

Vista del Estudio Figueroa-Vives. Alexandre Arrechea, 2018. Cortesía del Estudio Figueroa-Vives.

mundo del teatro. La casa realmente siguió siendo casa, nunca se llamó estudio, pero se iban mezclando sus funciones como espacio para, entre otras cosas, la representación de artistas, la comercialización del arte, y la creación de proyectos.

*¿Cómo llegan de ese momento genésico al espacio y formato actuales?*

Nos mudamos a la calle 21 del mismo barrio de El Vedado. Donde estamos ahora. Primero me mudé yo al piso de abajo pero vivíamos todavía en 17, manteníamos la casa original como un espacio de visita, pero ya teníamos un segundo lugar donde poder tener más obras, y con esa estructura donde no hay muebles y donde se puede ver arte, única y exclusivamente arte.

*¿La otra casa conservaba la misma disposición?*

Botamos todo. Lo único que permanece de aquella casa es esta mesa redonda donde estamos ahora sentadas. Esta mesa es genésica, como dices tú. Alrededor de esta mesa se han discutido todas las cosas importantes que han tenido que ver con nuestra vida y nuestros amigos en los últimos 40 años.

En realidad la palabra estudio la asumimos hace bien poco.

*¿Y por qué se deciden a usarla?*

Muy sencillo. En 2014 empezábamos a colaborar con la Embajada de Noruega, nuestros vecinos. La Embajada tiene su logo y nosotros no teníamos una denominación. ¿Quién invitaba a las exposiciones?, ¿la Embajada de Noruega? No. Invitábamos nosotros en colaboración con ellos. ¿Y cómo nos íbamos a llamar? Entonces decidimos usar esa palabra que es muy manida, pero estratégica. A falta de otro término, estudio es lo que sigue pareciéndose a la realidad. En esta colaboración con los noruegos, nosotros asumimos abrir cada tres o cuatro meses una exposición, y abrirnos un poco más al público. Siempre hemos estado abiertos al público, pero hacerlo con inauguraciones, como haría una galería, eso lo empezamos a hacer a partir de ese momento, y necesitábamos llamarnos de alguna manera. Pero lo hemos hecho de forma muy…

*¿Informal?*

Sí, porque ni estamos apurados, ni tenemos un programa. A nosotros lo que más nos interesa es que permanentemente esté lleno de arte, del arte que nos interesa. Que cada artista que cree una obra nueva y tenga una idea nueva, y que nosotros queramos invitar, venga y tenga su espacio. Digamos, están los artistas históricos, y a veces nos interesa que esa obra nueva conviva con los históricos e invitamos al creador. Vamos moviendo las obras con independencia de que se inaugure o no una exposición.

*O sea, aparte de las inauguraciones que se realizan cada tres o cuatro meses el espacio se mantiene activo.*

Permanentemente

*Esa era otra de mis interrogantes, qué pasaba entre exposición y exposición, o entre inauguración e inauguración.*

Pasa lo que toda la vida pasó, por más de veinte años. Esta es una casa que está todo el tiempo abierta. Abierta previa cita porque es un sitio donde vivimos y que no lo gestiona nadie más que la propia familia que somos tres: Figueroa, Cristinita [Cristina Figueroa] y yo. Eventualmente, le pedimos a una graduada de Historia del Arte que nos asista para poder mantener el estudio abierto y hacer visitas guiadas entre la Embajada y el estudio. Por eso te digo que este sigue siendo el mismo estudio de hace aproximadamente veinte años. Recorriendo la historia, nos dimos cuenta de que fue en el 94 que empezamos a asumir ese rol, y decidimos llamarle así, estudio, aunque fuera privadamente, porque en ese año fue la última gran experiencia, mala experiencia, de intento de colaboración con la institución.

*¿En qué consistió esa última experiencia?*

Fue el proyecto *Les Allumés*. La ciudad de Nantes había estado trabajando con el Ministerio de Cultura, y con diferentes especialistas, institucionales o no, para hacer un proyecto allí. Era un evento que ellos venían realizando desde siete años antes: siete ciudades, siete años. La última de esas ciudades iba a ser La Habana, y la ciudad de Nantes iba a «llenarse» de La Habana. Para las artes plásticas, por primera vez, me contratan individualmente como curadora, y por un año estuvimos organizando las exposiciones que eran siete u ocho. Era un proyecto muy lindo, además había música, teatro, algo que los organizadores iban manejando con el Ministerio de Cultura y con las diferentes agrupaciones. Y por razones políticas nos quedamos todos con las maletas hechas sentados en la terraza de 17. Íbamos a salir para el aeropuerto y nos dijeron, cancelado Nantes, por parte del Ministerio de Cultura. Abel Prieto, que en aquel momento estaba en su primera etapa como ministro, lo canceló porque se enteró de que para los paneles de literatura habían invitado a intelectuales de aquí y a intelectuales cubanos de Miami. En esa época, año 94, era insospechada esa relación. Después de un año de trabajo, nos quedamos todos con obras enviadas, espacios esperando por los artistas para dar los últimos detalles e inaugurar. Fue el momento en que me di cuenta de que no podíamos confiar en la institución, porque la institución siempre, por encima de cualquier valoración, iba a responder políticamente. Aquel fue nuestro último intento y ahí dijimos, a partir de este instante haremos lo que podamos. Por eso planteamos octubre del 94, que fue el gran descalabro, como el momento en que decidimos que la casa, íntegramente, iba a ser para trabajar con los artistas y todo lo que pudiéramos hacer. Sin confiar más, absolutamente independientes. Con mucho espíritu de colaboración, sí, siempre que nos lo han pedido, pero sin depender de sus dictámenes. Hubo momentos en que se pudieron hacer más cosas, en otros, menos. Todo tiene que ver siempre con la política, pero el espacio ganado también tiene que ver con la constancia, la tenacidad, y con el prestigio que la casa fue teniendo. Estamos hablando de una obra muy sólida, como es la obra y personalidad de Figueroa, unida a mi empeño de tantos años de trabajo con la mayor integralidad y profesionalismo posibles, y después con la incorporación de nuestra hija, de la nueva generación. Estamos hablando de tres niveles generacionales, unidos por una misma causa. Es bastante difícil arremeter contra eso, porque hay demasiado trabajo hecho.

*Este nuevo tipo de colaboración que han comenzado a desarrollar con la Embajada de Noruega, empieza por la vecindad.*

Sólo fue por eso, por vecindad, no hubo otra razón.

*De esa vecindad ha resultado un formato de producción diferente, tanto para la casa como para los espacios emergentes en general. ¿Qué le ha aportado al estudio este nuevo esquema de trabajo y cómo ha afectado su independencia?*

No ha afectado la independencia en lo absoluto. En primer lugar los noruegos no son especialistas en arte cubano. Lo que sí tienen es una idea muy clara, como país y como misión diplomática, acerca de su función que ellos definen como sitio de transparencia, sitio de apoyo al arte y la cultura, y sitio de apoyo a la diversidad. Esa es la política del país. Noruega es, probablemente, uno de los primeros países en asumir la diversidad en todo sentido como base de su desarrollo, empezando por su constitución. Es un país que tiene muy claro en sus representaciones por el mundo lo que quiere hacer. Buscan dónde está el talento y en qué medida pueden ayudarlo. En las artes plásticas cubanas, hacen muchas

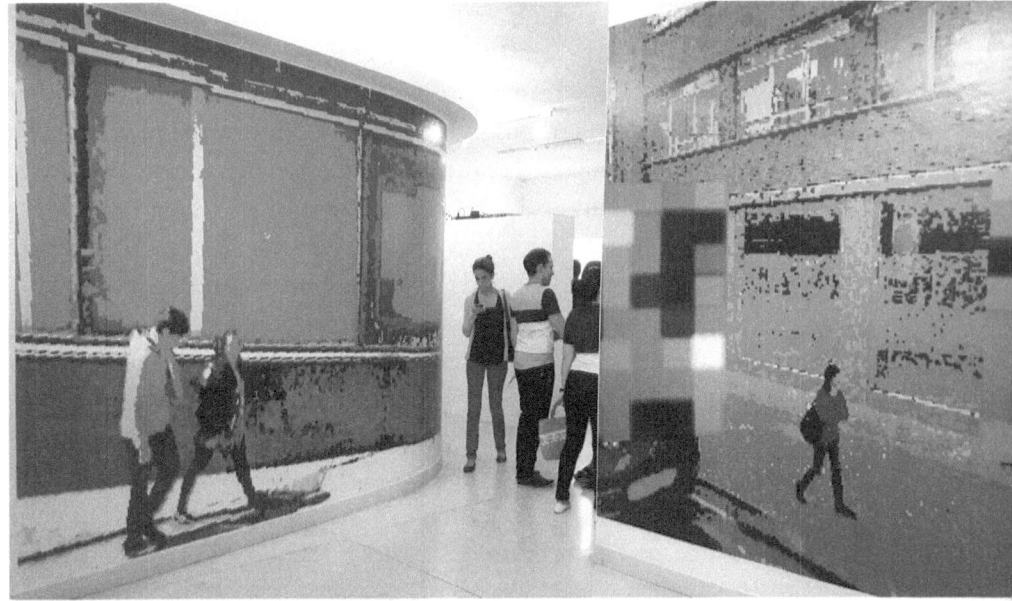

Vista de la exposición *GlitchMix, not an error*, marzo de 2017. Marx Amerika, 2017. Cortesía del Estudio Figueroa-Vives.

cosas, apoyan a muchos artistas en sus proyectos individuales que al final se exponen en las instituciones, aunque las instituciones no le den los créditos a la Embajada con una doble moral flagrante. En términos de su espacio, nos invitaron a utilizarlo y pensamos que era ideal porque podíamos desbordar un poco más nuestra acción.

Cuando no se hablaba de proyectos comunitarios hace tres o cuatro años, estábamos nosotros abriendo nuestros espacios interiores hacia el exterior. No se trata de una campaña populista de llevar el arte al pueblo, que muchas veces se convierte en un despropósito de las políticas culturales. Se trata de que si el arte está ahí, vengan a él si lo quieren, cuando lo necesiten, y eso tiene que ver con otros niveles de integralidad de un país: cultura, educación, desarrollo.

Según nuestra experiencia, los noruegos no intervienen en una evaluación de arte. Pero sí saben escoger a las personas que pueden asesorarlos.

Por lo tanto la independencia sigue siendo absoluta. Proyecto que les presentamos, proyecto que estudian y aceptan favorablemente. Les propusimos hacer un ciclo de temas y organizar exposiciones sin una nómina fija, porque nosotros no somos una galería y no tenemos una nómina de artistas, sino que trabajamos según proyectos. Lo que hicimos entonces fue pensar en qué temas podrían ser interesantes poner en discusión e invitar a los artistas que estuvieran trabajando sobre ellos como parte de sus investigaciones. Esos temas deben plantear siempre una relación de interés mutuo. De ahí surge la serie de exposiciones que hemos hecho hasta hoy: Conectividad, colaboración, publicidad, pioneros en el mundo digital, la nueva visualidad a partir de los emprendedores (no los emprendedores de los paladares, sino los emprendedores dentro del arte, dentro de las tecnologías, los nuevos medios). Hemos ido abordando temas. El que hicimos con Mark Amerika, el artista norteamericano, lo curó Cristina [Figueroa]. Básicamente, tenía que ver con los orígenes del arte digital, ejemplificados por Amerika y cómo su obra podía ser interpretada aquí y relacionada con el trabajo de Fidel García y Yonlay Cabrera a quienes invitamos. El de la publicidad fue muy interesante. Habíamos pensado en la fotografía en función publicitaria y partimos de Korda, pero del Korda que nadie recuerda o conoce, el de sus primeros anuncios comerciales en el año 54. Casi no incluyó obras originales porque no existen, y la instalación era a partir de fotocopias de lo que aparecía en la prensa de esa época. Eso se convirtió en una fuente de investigación interesantísima. A partir de Korda dábamos un salto para ver qué pasó en los años setenta con la *Revista Opina*, y qué pasó en los ochenta con el mercado del campo socialista y el estilo del CAME, cuando se solicitaba publicidad para los productos hechos en Cuba para vender en el mercado socialista, y así hasta llegar a la actualidad donde la incipiente actividad privada incita a jóvenes fotógrafos como Titina a hacer fotos de publicidad de productos inexistentes o a crear un estilo propio para un futuro previsible cuando pueda hacer las campañas a las grandes marcas internacionales, cosa que aún no ha ocurrido.

Cada exposición, aborda un tema que nos parece que hay que tocar porque es de extrema actualidad y no es de los que toca la institución, y porque no es el rol de las galerías comerciales. Cada cual tiene un rol y como nuestro estudio siempre fue una casa de debate, eso identifica también nuestra programación. No hacemos en diciembre una exposición vendible pensando en que el coleccionista de Art Basel Miami se da un brinco desde allí, por tres o cuatro días, con sus galeristas. No nos sale. De hecho tampoco, y te lo digo con franqueza, formamos parte de los circuitos a los que algunos especialistas llevan a sus grupos simplemente porque no damos comisiones por venta, eso es un principio para nosotros. No funcionamos para eso. Si de eso dependiera nuestra vida, preferimos no hacerlo. Formamos parte del circuito que nos conoce. A lo mejor te parece muy absoluta la manera en que te lo digo, pero es la manera en que aprendí y asumo mi rol. Siempre he dicho que vender arte es una cosa fabulosa y se produce como resultado de todo lo demás. Prefiero hacer todo lo demás y que se produzca la venta, y no trabajar con el proceso inverso. No sé cómo tú lo ves.

*Creo, como tú, que cada cual tiene un rol. Y en el contexto actual hay muchos estudios de artista que han empezado a mutar hacia otras funciones, a cumplir otros roles, a partir, en ocasiones, de la venta. El Estudio Figueroa-Vives me parece excepcional porque desarrolla una forma de producción diferente que, junto a su enfoque de trabajo, le ha permitido acercar su formato a lo que debería ser un centro de arte.*

Como mi formación profesional tuvo una base institucional, en el mejor sentido, y eso lo trasladamos a la casa, este sigue siendo un centro de generación de proyectos e ideas. La Embajada de Noruega ha sido muy generosa dentro de sus posibilidades. Cada uno de estos proyectos dispone de un presupuesto que nos permite ayudar a los artistas a que hagan la obra, a producirla. El toma y daca que utilizamos una vez como título de nuestra segunda exposición, no tiene nada que ver con comercio, es un puro acto de creación y de colaboración.

De dónde salen todos los libros que se hacen desde esta casa, nuestra actividad editorial. Por supuesto, hay que buscar patrocinio, pero los libros se hacen aquí. En la casa se investiga, se discute con los artistas, se diseña, se buscan los fotógrafos, los traductores, se hace toda la estructura. Entregamos el proyecto terminado a una editorial a la que por supuesto hay que pagarle y hay siempre un *sponsor*, alguien que apoya la obra del artista y puede hacer posible que el libro exista. Pero como proyecto, se hace en esta casa; se genera desde esta mesa.

Esto no es una galería, esto tiene otro formato. Pero también se vende arte y se vende muy bien. Últimamente no. Últimamente está todo muy deprimido. Me atrevo a decir que quien te diga que vende mucho, es porque está vendiendo muy barato.

*¿Ha habido un decaimiento de las ventas en los últimos tiempos?*

Lo hay, pero tiene que ver con todo, con el mundo en general, con la incertidumbre. Y también con los cambios en las formas de trabajar con el arte. Algunas galerías internacionales toman a determinados artistas y comienzan a lanzarlos con posibilidades que las galerías o los espacios nacionales no tienen. Pero eso es otro tema. Hace ya muchos meses que la acción económica es baja en cuanto a venta de arte y, en cambio, nuestro estudio sigue produciendo. Sigue produciendo libros, sigue produciendo proyectos, porque no se trata de una galería que depende de las ventas, se trata también de un trabajo curatorial. El trabajo curatorial de Cristina, el mío y, por supuesto, la ascendencia de la obra de Figueroa que sigue siendo la génesis del espacio y de buena parte del interés internacional. El apoyo de Noruega es sólo con las exposiciones, no hay otro tipo de apoyo, ni salarios ni nada, eso no existe, y eso es lo que nos hace muy independientes.

*Los proyectos conjuntos con la Embajada de Noruega implican también una colaboración espacial. Esta es una forma totalmente inédita de la colaboración con las sedes diplomáticas, que desde finales de los años noventa habían comenzado el apoyo financiero, pero centrado en sus propios espacios, como fue el caso del Centro Cultural de España, o en la producción de obras.*

Los españoles lo hicieron un poco, pero depende mucho del carácter de la persona que dirige la parte cultural. Hubo un incremento fuerte de utilización del espacio de la Embajada de España con los «Jueves de embajada» y también durante las bienales, y algunos otros momentos del año, usando sus espacios diplomáticos como lugares de exposición. Pero este formato de colaboración con los vecinos noruegos no se había hecho antes, que sepamos. Desde hace cuatro años tú vas a esta Embajada y siempre vas a encontrar arte, según un criterio curatorial.

*Es decir, que se intervienen los dos espacios para las exposiciones y ambos permanecen intervenidos hasta el próximo evento.*
Se intervienen los dos espacios todo el tiempo, y no dependen necesariamente de una exposición. Y siempre están abiertos.

*Desde el momento en que empiezan a utilizar la nomenclatura de estudio, ¿lo emplean también como firma de todos los proyectos que genera la casa? ¿Los proyectos de exhibiciones en otros espacios y los editoriales salen bajo esa firma?*
Para todo. La última exposición que hicimos en Art Basel Miami, *Q&A. Nine contemporary Cuban artists*, que se mostró primero en Washington, D.C. [Miami Dade College Museum of Art and Design, 30 de noviembre de 2016-15 de enero de 2017], recibió una crítica muy interesante que señalaba que por primera vez aparecía una muestra en Estados Unidos auspiciada por un estudio privado cubano llamado Figueroa-Vives.

El próximo proyecto que inauguraremos en octubre se llama *Mutaciones*, lleva nuestro sello curatorial pero no nos involucra sólo a nosotros. El Centro de Desarrollo nos había invitado a ser parte del próximo Salón de Arte Contemporáneo que tiene como tema la colaboración. A mí me parecía más que lógico y les presentamos un proyecto. Alrededor de la casa, entre las calles H e I, y 15 y 21 (estamos hablando de escasamente tres o cuatro cuadras a la redonda) existen: una sede diplomática que ofrece su espacio para el arte y logística de apoyo para la producción de arte; un estudio como el nuestro; un taller de artista, el del Pollo

[Michel Pérez]; El Apartamento, recién mudado para 15 y H; y la Galería Villa Manuela en H y 19. Es decir, una galería privada y una galería institucional. En total cinco espacios en muy pocas cuadras. La idea de *Mutaciones* era intercambiarnos los roles. Nosotros íbamos a hacer una exposición en Villa Manuela, Villa Manuela nos daría uno de sus proyectos para exponerlo en nuestro estudio, el Pollo nos cedería su taller para intervenirlo y él exhibiría lo que quisiera dentro de la Embajada. Uno de nuestros artistas iba para El Apartamento, y uno de El Apartamento, que nosotros seleccionaríamos, iba a venir para aquí, y con la inauguración cerraríamos un circuito.

*Un circuito que ya existe, pero que no es reconocido.*

Que existe, pero no dialoga o dialoga poco. Nosotros dialogamos pero, por ejemplo, el Pollo nunca abre su taller. Él ahí pinta, no se abre al público, y lo estamos forzando a venir para acá. Lo que una galería

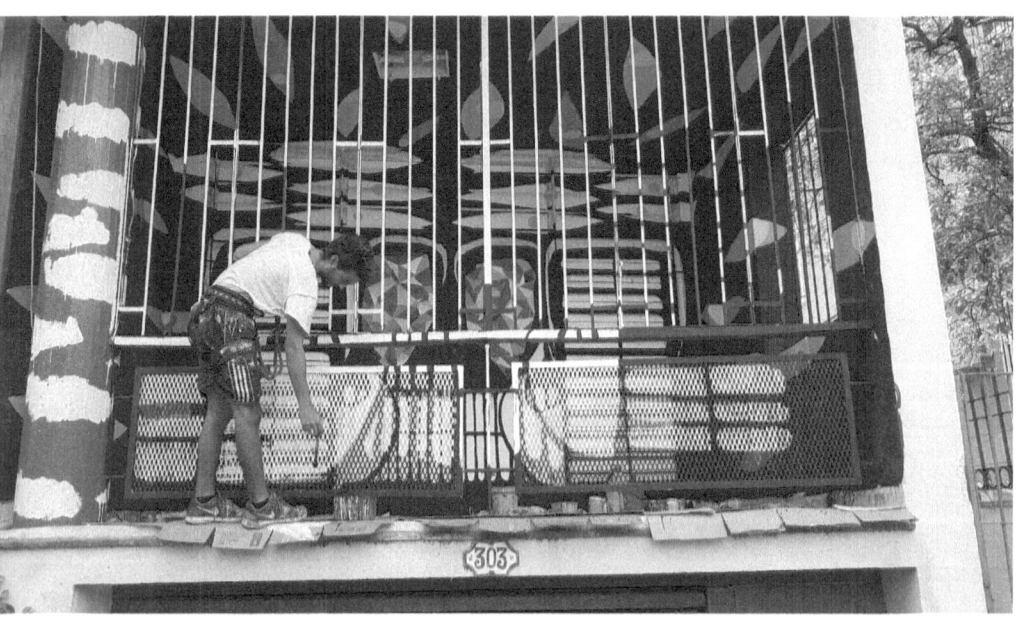

Proceso de creación del grafiti de Luis Casas para la exposición *Mutaciones*, octubre de 2017. Cortesía del Estudio Figueroa-Vives.

privada jamás haría, que es dar uno de sus artistas, yo lo intercambio con uno de los míos –que no es tan mío porque es un estudio que trabaja por proyectos, no sólo por nómina de artistas representados– y todo ello sin los conflictos de intereses que habitualmente tienen los gestores. Todo estaba muy bien, pero finalmente la institución no acepta a la Embajada, no quiere a El Apartamento. No pueden dialogar. La institución tiene prohibido dialogar con ellos. Bueno, lo sentimos mucho, pero lo vamos a hacer. No vendrá Villa Manuela, no podrá entrar. Los otros cuatro sí lo vamos a hacer, y es un verdadero proyecto de colaboración. De autorreconocimiento y de intercambio[1].

*El circuito contemporáneo del arte cubano termina por dejar fuera a los elementos institucionales porque estos no están dispuestos a perder su hegemonía y compartir una red más heterogénea que ya no los necesita para activarse.*

Pero es una red que no está legitimada legalmente.

*Su legalidad quizás sea su único punto débil, porque en lo que a gestión se refiere ese circuito está dejando ver la obsolescencia de los mecanismos de las instituciones estatales.*

La institución se está quedando atrás. Es una pena. Ese es el tipo de proyecto que genera este espacio. Poco de lo que se expondrá estará a la venta, serán obras en proceso, películas aún no terminadas, etc. Eso es lo que estamos generando para ese proyecto. Ojalá que podamos hacer todo lo que tenemos planteado. ¿Qué galería de arte hace eso?

*¿O qué centro de arte en el país?*

Pero a veces no depende de las personas que lo llevan. Depende de una estructura institucional muy fuerte.

*Y cada vez más rígida.*

---

[1] *Mutaciones* abrió al público el 13 de octubre de 2017. Hasta el mes de noviembre el evento activó un circuito integrado, además de por el Estudio Figueroa-Vives y la Embajada de Noruega, por el taller del pintor Michel Pérez Pollo, la galería El Apartamento y el proyecto del fotógrafo Juan Carlos Alom, Studio 8.

Pero todo eso fluctúa con la política. La experiencia lo indica. Recuerda, ¿cuándo fue la gran crisis de las instituciones aquí, su cierre absoluto? Entre 1989 y 1991, cuando se estaba desmoronando el campo socialista. No pensemos que era por otra cosa. Se estaba cayendo el campo socialista y aquí se apertrechaban las estructuras y no le podían permitir al Centro de Desarrollo que hiciera una exposición como *El objeto esculturado*. La exposición en sí misma era la que contenía todos los ingredientes para pensar, todas las ideas. No fue el performance de Angelito [Ángel Delgado] con el periódico *Granma* el que provocó todo. No. Eso es ridículo pensarlo. Fue la cantidad de eventos que la institución Arte estaba promoviendo para el debate de ideas. Suma todo lo que se hacía: el *Proyecto Castillo de la Fuerza* que era parte del Museo Nacional, todas las exposiciones que se venían haciendo en el Centro de Desarrollo desde que se creó, pon una detrás de la otra y verás. Recientemente en el Museum of Fine Arts de Houston, durante el debate público sobre los años ochenta a propósito de la exposición *Adiós Utopía* [*Dreams and deceptions in Cuban art since 1950*], un artista panelista dijo: «Nosotros éramos censurados porque la institución Arte…». Y cuando terminó le dije: «Saca la cuenta y dime en qué institución privada tú exhibiste. Tu currículo, incluidas todas tus bienales, todo, era promovido por la institución». Daría la sensación que todos esos artistas que hoy consideramos los abanderados de esos años, se formaron solos, estaban solos, y que el ISA era un bastión en contra de la institución, cuando en realidad el ISA era también la institución. Ningún artista de esa generación me puede decir, como investigadora del arte, como historiadora del arte y como testigo de esa época, que tuvieron que meterle mano a los espacios privados para poder hacer sus carreras. Una cosa era el Partido y otra la institución Arte y otra los que trabajaban en ella. Y es que confunden y lo peor, olvidan.

*Los espacios privados no existían, al menos no de esta forma. Se generan después.*

Lo que sí ocurrió fue que la institución Arte se debilitó, hasta tal punto de que no pudo hacerle frente a la política, y la política se la tragó.

Ahora estamos viviendo un momento igualmente delicado. Con Obama parecía moverse hacia un lado. Luego viene Donald Trump y va hacia otro y vienen las nuevas elecciones aquí. Son períodos inestables, períodos delicados. Todos los movimientos de izquierda se encuentran absolutamente debilitados y en procesos electorales complejos. Ahora estamos en un período que se siente como de cierre. A mí no me extraña que vuelvan a llamarnos y digan: «Hay que cerrar», porque estos son los momentos en que las estructuras políticas definen. Por eso uno tiene que trabajar con mucha inteligencia, pero al mismo tiempo con una posición muy vertical, teóricamente bien estructurada. Y es lo que tratamos de hacer.

*Esta experiencia que han desarrollado en los últimos años los ha llevado a explorar nuevas posibilidades. Más allá del tiempo que logre mantenerse esa proyección —porque las alianzas, como tú apuntabas antes, son siempre variables—, cómo ha influido en las perspectivas futuras del trabajo del estudio.*

Nos ha solidificado más, y vemos más claras nuevas posibilidades. Al final son los mismos contenidos de trabajo pero pueden expresarse de otra manera. Estamos trabajando en momentos diferentes a los años ochenta, noventa e inicios del dos mil. Ahora trabajas mucho con las redes sociales, ellas te promueven y a través de ellas configuras tu imagen. Tenemos una mayor conciencia de lo que se puede hacer en términos de imagen y es importante tener una acción más intensa en las plataformas que existen. Pero creo que lo que hace al estudio sólido, con independencia de que en nuestras circunstancias nacionales todos seguimos siendo vulnerables, es que tiene una integralidad, una coherencia en todo lo que ha hecho durante estos años y que hay demasiado trabajo profesional realizado.

*Esa integralidad va más allá de los temas, está sobre todo en los enfoques y formas de trabajo que atraviesan desde los proyectos editoriales hasta los curatoriales. Pero además de esa coherencia, creo que lo que hace al estudio relevante hoy es que ha hecho visible para el espectador ese circuito sumergido del arte cubano. Una exteriorización que los demás espacios están en proceso de conquistar y que el Estudio Figueroa-Vives, como pionero de la gestión independiente en el país, estaba capacitado para activar.*

Cuando a finales de los noventa y principios de los dos mil empecé a trabajar más fuerte con Los Carpinteros, con Tania Bruguera, por ejemplo, que ya comenzaban a ser figuras internacionales, le dije a Figueroa: «Nosotros tenemos que propiciar un toma y daca». Ese fue el momento en que empecé a escribir con más asiduidad, a ejercer la crítica y la curaduría paralelamente al trabajo de representar a los artistas, de manera que con independencia de las carreras que ya habíamos logrado impulsar para ellos, y de sus éxitos, ellos vieran en nosotros parte de la solidez y el basamento de sus carreras. Es como cuando una galería prestigiosa selecciona a un artista, el artista se legitima, porque lo presenta esa galería y no otra. Eso es lo que nosotros teníamos que lograr, y eso es lo que creemos hemos logrado. No tiene nada que ver con economía en primera instancia, sino con el prestigio de trabajo que está detrás del formato. Trabajar como una buena institución, como tú decías. Ese fue el modo en que yo aprendí.

# Estudio Figueroa-Vives / Embajada de Noruega en La Habana: Exposiciones 2014-2017

*La noche redimida*. Participantes: Constantino Arias, José A. Figueroa, Arien Chang, Leandro Feal, Pirole, Damián Saínz- Roger Herrera Gutiérrez y Hape. Presentación especial de Hape con DJ Ben Benjamin Gutiérrez, diciembre de 2017.

«*La noche redimida* es un brevísimo y aún fragmentado recordatorio de la diversidad visual de la noche en Cuba –La Habana en particular– desde finales de la década del cincuenta del pasado siglo hasta hoy, valiéndonos de la fotografía y la cinematografía –documental o de ficción– que la pondera de muy diversas maneras». (Invitación)

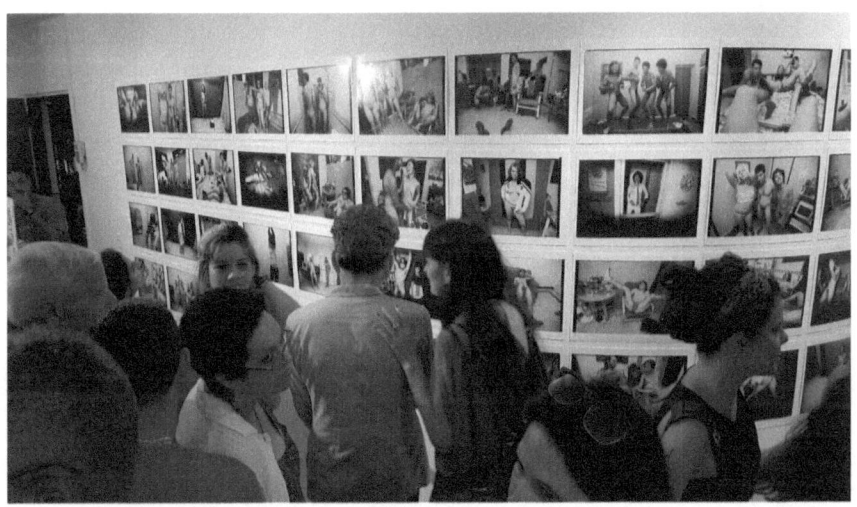

Vista de la exposición *La noche redimida*, diciembre de 2017. Leandro Feal, 2016. Cortesía del Estudio Figueroa-Vives.

*Mutaciones.* Un proyecto del Estudio Figueroa-Vives en colaboración con la Embajada de Noruega en Cuba, el Taller de Michel Pérez Pollo, Studio 8 y El Apartamento. Participantes: Juan Carlos Alom, Reinaldo Cid, Rigoberto Oquendo, Felko, Ossain Raggi, Luis Casas, Yojany Pérez, Irolan Maroselli, Elizabeth Rodríguez / Alejandro Campins (en colaboración con José A. Figueroa, Ignacio Barrios), Fernando Rodríguez Falcón, Javier Castro Rivera, Ignacio Barrios Martínez, Michel Pérez Pollo y Alejandro González, octubre de 2017.

«Mutaciones es una acción de intercambio, reconocimiento y colaboración entre cuatro espacios que se ubican geográficamente tan próximos unos de otros que no deben ignorarse. Sus roles habituales son bien diferentes: un estudio de arte donde se generan proyectos culturales de muy diversa índole; un taller de artista donde concretamente se produce arte; una galería que promueve y gestiona obras y exposiciones; y una embajada patrocinadora de artistas, proyectos y obras. Todos aceptamos mutar nuestros roles durante un mes para disfrutar unos de otros. La relación es ineludible y demuestra que la convivencia de lo diferente no sólo es posible sino indispensable». (Invitación)

«Hay que recorrer las cuatro sedes para entender de qué va el proyecto, cómo se realiza la mutación. Buscamos reflexionar sobre el reconocimiento que necesitan estos espacios, el respeto mutuo entre ellos, y cómo esto debería ser si no un ejemplo, al menos un patrón a seguir dentro de las políticas culturales». (Cristina Figueroa Vives en Redacción IPS (2017): «Expo conecta espacios privados de arte contemporáneo en Cuba». *Inter Press Service en Cuba* (18 de octubre): <http://www.ipscuba.net/cultura/expo-conecta-espacios-privados-de-arte-contemporaneo-en-cuba/>)

*Consumir lo que el país produce es hacer Patria. Fotografía publicitaria en Cuba.* Participantes: Alberto Díaz Gutiérrez *Korda*, José A. Figueroa, *Revista Opina*, Michel Pou, Estudio 50 y Titina, noviembre de 2016.

«*Consumir lo que el país produce…* es una exposición de fotografías en función publicitaria que en apretada síntesis nos hace pensar en la publicidad como ese indicador económico, social y cultural que en cada momento nos muestra, aunque sea de soslayo, por dónde ha ido y hacia dónde va el desarrollo». (Invitación)

*GlitchMix, not an error.* Participantes: Mark Amerika (EE.UU.), Yonlay Cabrera Quindemil (Cuba) y Fidel García (Cuba). Sesión inaugural de música Glith a cargo del DJ Kike Wolf, marzo de 2017.

«El glitch art (arte del error) es conocido como la práctica artística de usar y apropiarse de los errores digitales o analógicos mediante la manipulación física de dispositivos electrónicos, televisores, videos, música, sitios web, etc.; o corrompiendo datos y *softwares*. *GlitchMix, not an error*, propone obras sonoras, video, net art, fotografías e instalaciones que trabajan el tema del error y la estética del accidente –provocado o espontáneo–, en el arte contemporáneo». (Invitación)

*Interruptos-Continuos.* Participantes: Alejandro Campins, Humberto Díaz, José A. Figueroa, Francisco Alejandro *Jim*, Fidel García, Alejandro González, Tony Labat, Milton Raggi, Fernando Rodríguez y Lázaro Saavedra, junio de 2016.

«Todas las piezas se conectan desde la mirada personal, desde la manipulación, o desde el pasado para coincidir en que los fenómenos nunca se detienen, sólo se transforman». (Cristina Figueroa en Hernández, Lianet (2016): «Estudio Figueroa-Vives: Más continuos que interruptos». En *On Cuba* (25 de junio): <https://oncubamagazine.com/cultura/estudio-figueroa-vives-mas-continuos-que-interruptos/>)

*Vista hace fe… We're going digital.* Participantes: AlaMesa, ISladentro, *Vistar Magazine* y el Paquete Semanal, febrero de 2016.

«AlaMesa es una plataforma fundada en mayo de 2011 con el fin de difundir información sobre servicios y cultura culinaria cubana. Para su distribución dispone de aplicaciones móviles, boletines semanales y un directorio de los diferentes servicios gastronómicos en el país.

Isladentro es un software lanzado en diciembre de 2013 como una guía para encontrar todo tipo de negocios, lugares de interés, artistas y proyectos culturales y comerciales de toda Cuba.

Aunque se socializa mayoritariamente por medio de talleres particulares de celulares y también por el Paquete Semanal, cuenta con un sitio web para descargar la aplicación para móviles IOS y Android, así como sus actualizaciones.

*Vistar Magazine* es una revista digital, con un sitio web, pero mensualmente lanza un número digital para su distribución *off line*. Fundada en marzo de 2014, define su contenido como de "cultura, farándula y entretenimiento".

La publicación tiene una página electrónica y una aplicación para IOS. Pero su distribución principal dentro de Cuba es a través del Paquete Semanal.

Con la regla "cero política, cero violencia, cero pornografía", el Paquete Semanal consiste en un compendio de audiovisuales, música y material digital, entre ellos aplicaciones para móviles y otros contenidos creados en Cuba». (Redacción IPS (2016): «Expo reúne emprendimientos digitales de jóvenes cubanos». En *Inter Press Service en Cuba* (8 de febrero): <http://www.ipscuba.net/economia/expo-reune-emprendimientos-digitales-de-jovenes-cubanos/>)

*Cabeza de ratón. 20 años Estudio Figueroa-Vives 1995-2015*. Participantes: Celia-Yunior, jorge&larry y Pepe+Laura, octubre de 2015.

«*Cabeza de ratón* es un gesto colegiado entre artistas invitados y organizadores a propósito de los veinte años de existencia de un proyecto cultural considerado por muchos como pionero. Nos motivó el sentido del *timing* –el cuándo, el dónde y el por qué– para reflexionar sobre un proceso de tránsito que evoluciona hoy entre la escala privada y la institucional. En ese sentido *Cabeza de ratón* puede ser también visto como un *statement* de sus organizadores.

Inicialmente nos animó a todos la idea de ponderar el concepto de colaboración, tan caro a la metodología de trabajo del Estudio Figueroa-

Vives desde sus inicios y apegado a ciertos principios éticos aún vivos en nuestro más íntimo círculo, pero en lamentable proceso de extinción en buena parte de la comunidad artística nacional. En cambio, los dúos de artistas invitados fueron más allá y nos presentaron –sin previo acuerdo entre las partes– tres niveles singulares de pensar el entramado del poder del arte y a este dentro de la macro economía nacional e internacional». (Catálogo de la muestra)

*De la acera de enfrente (...Across the Street)*. Participantes: Alejandro González, Fidel García, José A. Figueroa, Alexandre Arrechea, Ignacio Barrios, Francisco Alejandro *Jim*, Flavio Garciandía, Javier Castro, Alejandro Campins, Tony Labat y Fernando Rodríguez, mayo de 2015.

«Tuvimos un momento muy importante durante la Bienal de La Habana, porque hicimos una exhibición bien grande. Nosotros inauguramos aquí en el Parque (calle 21, entre H e I), se hizo un proyecto más público, incluso, social, porque trajimos guarapo y churros; y todo era en la calle, lo que propició que los asistentes no sólo compartieran el arte, sino una experiencia más de vecinos. Ese momento de la Bienal de La Habana fue muy interesante para nosotros, fue toda una experiencia, porque calculamos que vinieron aproximadamente dos mil personas, ni siquiera estábamos preparados para eso; y nos marcó un antes y un después, por la respuesta que empezamos a ver del público». (Cristina Figueroa Vives en Infante, Rubén Ricardo (2017): «Mutaciones: esto es lo que existe». *Art On Cuba* (18 de octubre): <https://artoncuba.com/blog-es/mutaciones-esto-es-lo-que-existe/>)

*Light es luz*. Participantes: Alexandre Arrechea, Alejandro González, Lorena Gutiérrez y Milton Raggi, diciembre de 2014.

«Todo comenzó como un pretexto, una manera ligera, festiva si se quiere, de remarcar una época del año en la que casi todos en el mundo intentan iluminar su entorno. Usamos fundamentalmente los exteriores de nuestras sedes e invitamos a algunos artistas para que "intervinieran" con luz estas zonas de oscuridad. Las obras y con ellas el proyecto en

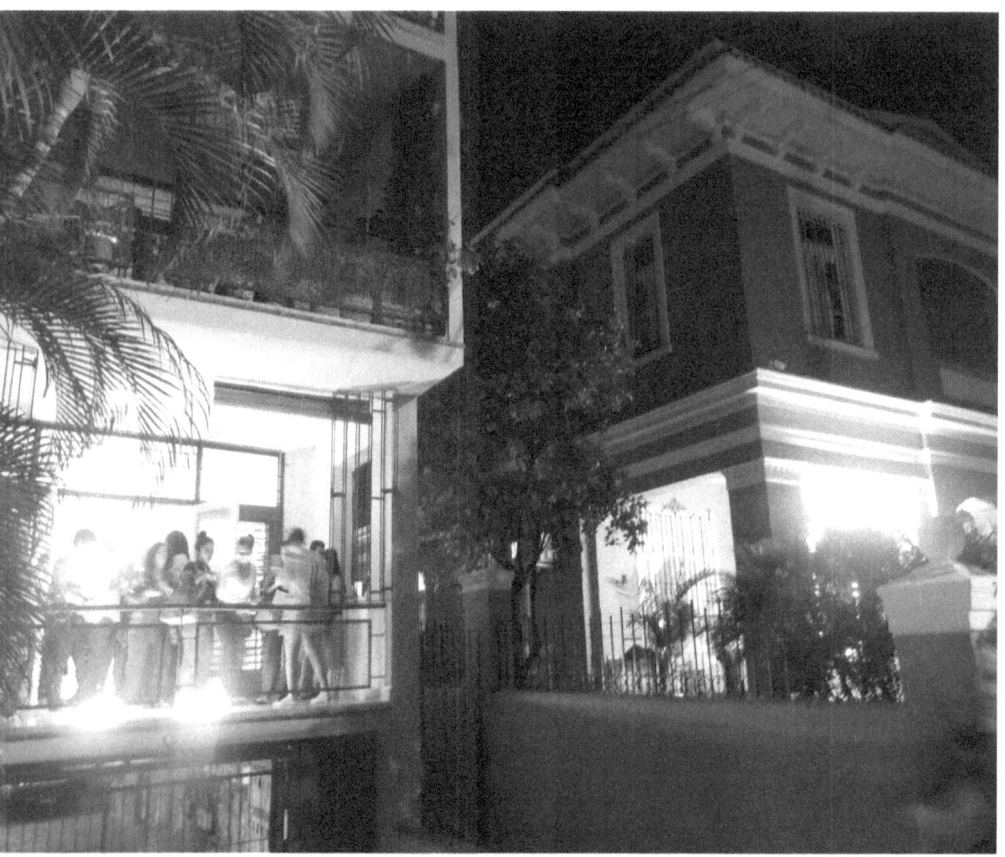

Vista de la inauguración de la exposición *Light es luz*, diciembre de 2014. Cortesía del Estudio Figueroa-Vives.

su conjunto se activarán principalmente en las noches, justo cuando los espacios tradicionales de arte de la ciudad cierran. Nuestro público no será el que acude a la Institución Arte, sino el que transita diariamente por esta calle. Con el uso de neones, bombillas, flashes y videos, sin proponérselo, estos cuatro artistas y sus curadores han creado un proyecto que si bien no es *light*… sí es luz». (Invitación)

*Toma y Daca*. Participantes: Lázaro Saavedra y Fidel García, septiembre de 2014.

«No hay información sin receptor, como no hay receptor realmente «informado» sin que disponga de libre acceso a la información. Entre la comunidad artística e intelectual cubana «ser» o «estar» informado es hoy un tema de investigación estética, y podríamos decir más, es un síndrome o patología socio-cultural. Dejará de serlo sólo cuando se desbrocen los canales de accesibilidad.

*Toma y daca* va más allá del simple intercambio que supone el "yo te doy y tú me das". Es un acuerdo de acción entre dos partes que se unen en una estrategia. En ocasiones se asocia a un acto de sobrevivencia, porque siempre, entre el «toma» y el «daca», hay algo en riesgo». (Catálogo de la muestra)

*Algo que me ata*. Participantes: Fernando Rodríguez y Humberto Díaz, junio de 2014.

«Las piezas conectaban físicamente con los espacios, pero también se conectaban en términos de sentido. Era la idea de iniciar el concepto de colaboración entre un estudio privado y una sede diplomática, que tenían intereses afines con el arte, con la cultura, etc. De eso se trataba y de hacerlo público». (Cristina Figueroa Vives en Infante, Rubén Ricardo (2017): «Mutaciones: esto es lo que existe». En *Art On Cuba* (18 de octubre): <https://artoncuba.com/blog-es/mutaciones-esto-es-lo-que-existe/>)

Estudio de Alejandro Campins

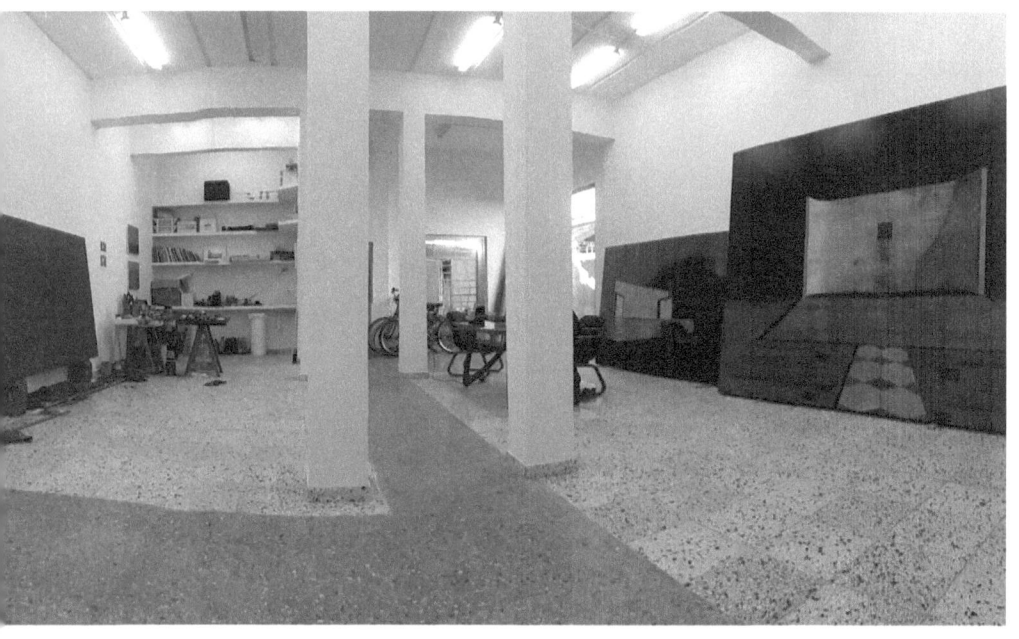

Estudio de Alejandro Campins desde 2017, calle Figueroa 418, entre Carmen y Vista Alegre, La Víbora. Cortesía del artista.

# Alejandro Campins: Los talleres de pintura

*En el año 2011 se publicó la transcripción del primer taller de pintura organizado en el estudio del artista Alejandro Campins en La Habana.* La pintura como lenguaje, *título de la serie de cuadernos, fue el resultado de encuentros sostenidos por un grupo de artistas y críticos para discutir sobre las problemáticas actuales de la manifestación. La segregación institucional por la sospecha de la contemporaneidad del medio, y la crítica en cuanto a su valor social, derivó en reuniones espontáneas en el espacio doméstico del atelier. La frustración de la propuesta inicial de un taller pedagógico para la enseñanza artística superior, asumió el formato del debate colectivo, ampliado luego con la inclusión de presentaciones artísticas y teóricas a través de la charla y la exposición.*

*Quisiera empezar reconstruyendo la historia del estudio. ¿Cuál fue el primer taller que tuviste? ¿Lo compartías con alguien?*

¿Después del ISA?

*Sí, una vez graduado.*

Debo hacer memoria porque ha habido muchos. El asunto es que yo no soy de La Habana. Cuando terminé el ISA tuve que conseguir dos alquileres: uno para vivir y otro para pintar, y conseguir un alquiler es complicado. Cuando me gradué estaba viviendo en un apartamento de un cuarto en El Vedado, pero era muy chiquito para pintar. Y entonces conseguí, después de tanto buscar, un garaje en Miramar, por la calle 84. Pero aquello era terrible porque todas las mañanas se inundaba. Estaba en la zona baja y por los desagües subía el mar. Tenía que poner todos los cuadros sobre bloques de cemento. Por la mañana cuando llegaba a las nueve o las diez, ya se había ido el agua pero veías la humedad. Ahí estuve unos cuantos meses hasta que pude encontrar otra cosa. Lo que pasó fue que me compré un apartamento en La Víbora y el alquiler donde estaba viviendo lo convertí en estudio. Era un poquito más grande que el primero y estaba en 21 y D. Ese fue el segundo estudio que tuve. Hasta ese momento estuve solo. En ese estudio fue donde empezamos a hacer los encuentros de pintura.

A raíz de la exposición *Patria*, que tuve en Factoría Habana, necesitaba hacer esos cuadros enormes que exhibí y no tenía dónde pintarlos. Me anuncié en Revolico.com [Anuncios Clasificados de Cuba], puse que necesitaba un espacio de «tanto por tanto» para trabajar durante cuatro o cinco meses, y me llamaron la gente del estudio de 2 entre 19 y 21: «Nosotros tenemos la parte de arriba de una casa para que la veas». Fui para allá y me encantó. En ese momento me alquilaron todo el piso de arriba, que es inmenso, y ahí fue donde pinté los cuadros de cinco y seis metros de *Patria*. Me lo rentaron por cuatro meses pero yo me enamoré del estudio y les dije que si me hacían un precio me quedaba ahí por tiempo indefinido. Estuve como cinco o seis meses con todo el piso, después, como era mucho dinero, empecé a compartirlo con el Pollo. Nos dividimos los espacios, y después vinieron también Elizabet [Cerviño], que tuvo un cuartico pequeño allí, y Darwin [Estacio Martínez]. Cuando se fue Elizabeth vino Luis Enrique [López-Chávez], después se fue el Pollo y vino Osvaldito [Osvaldo González]. Ahora Luis Enrique *el Chinito*, está en el espacio que yo tenía, Osvaldito en el que tenía el Pollo, y Darwin que sigue en el suyo. No hace un año todavía, me mudé para este espacio en La Vívora.

*¿Y este estudio ya es permanente?*

Sí, este es mío, y me gustó también la idea de salirme un poco de la zona caliente de El Vedado. Lo bueno es que aquel estaba a dos cuadras de mi casa y me mantenía como en una burbuja, de mi casa al taller, que es lo mejor que te puede pasar. Pero las visitas en el estudio, entre amigos, curadores, coleccionistas, y mucha gente que iba por gusto, gente que anda por ahí y quiere ver arte y estudios de artistas, me cortaban el día. Aparte de que para acá es un poco más barato conseguir espacio, yo buscaba un poco de tranquilidad. Eso era lo que me hacía falta. El que viene aquí es porque de verdad le interesa. Y en El Vedado es muy difícil encontrar un espacio al que se le pueda tumbar las paredes, es decir, un espacio como este en un buen precio.

*¿Qué remodelación le has hecho a la casa hasta ahora?*

Tumbarle paredes. Le hicimos unos arquitrabes para poder soportar el techo porque las paredes eran las que recibían la carga. Esta es una casa de los años veinte, de viga y losa. Tenía como tres cuartos, una sala, un comedor. En el patio preparé un piso grande de cemento para trabajar las pinturas sobre lona de cinco y seis metros.

*¿Cómo empiezan los encuentros de pintura? ¿Cómo se organizaban, quiénes participaban?*

Nosotros estábamos recién graduados del ISA, el Pollo, Niels [Reyes], Darwin, Yornel [Martínez]... El Pollo, Darwin y yo queríamos impartir un taller de creación de pintura en el ISA. Primero éramos el Pollo y yo, luego se sumó Darwin, que le gusta mucho la pedagogía y sabe mucho

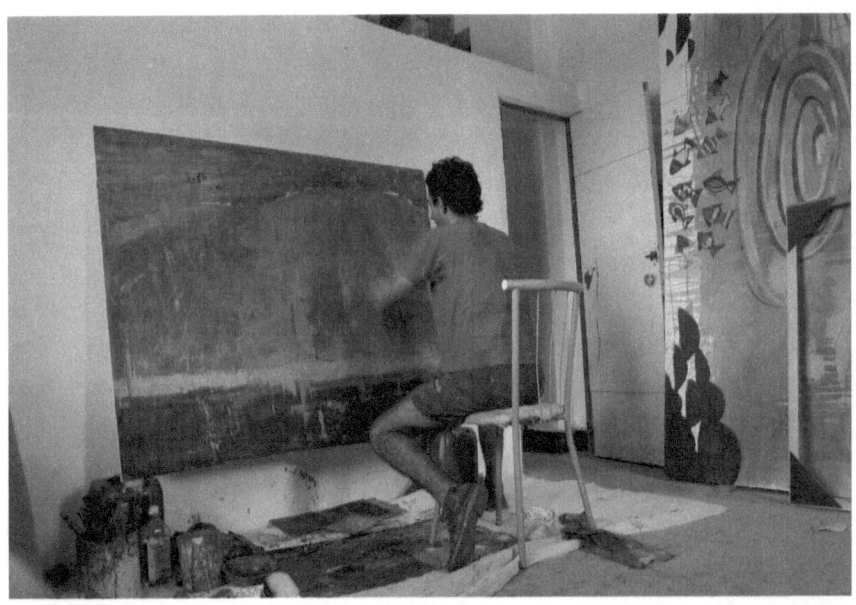

Estudio de Alejandro Campins de 2009 a 2011, 21 y D, El Vedado. Cortesía del artista.

de pintura. El Pollo se había graduado el año anterior y yo ese año 2009, pero nos pusieron muchas trabas. Como estaba recién graduado era el Pollo el que iba a confrontar a los profesores, y dice que era terrible. Todo el tiempo cuestionándole mil cosas, y al final nos dimos cuenta de que nos estaban poniendo obstáculos para que no diéramos el taller. Parece que todavía estaban en contra de que hubiera profesores impartiendo un taller de pintura. Al final nos dijeron que no. Y yo dije: «Vamos a hacerlo en mi estudio, invitamos a la gente, nos reunimos todos los viernes, proponemos un tema para hablar de pintura». Y así surgieron los encuentros. Se hicieron de otra manera porque el programa que teníamos para el ISA era distinto.

*¿Tenían un programa elaborado? ¿En qué consistía?*

Sí, el Pollo todavía lo tiene. Era un programa que estaba enfocado en la pintura como lenguaje, en el medio en sí mismo, y tenía muchos ejercicios. Los ejercicios siempre estaban apoyados en elementos históricos. Había uno, por ejemplo, que partía de Monet, que tenía su propio jardín donde pintó «Los nenúfares». Esas eran como ideas, y a partir de ahí hacíamos un ejercicio. Habían otros a partir del suprematistmo o de Yves Klein. Otros consistían en hacer un cuadro con un solo color, o con un solo pincel. Eran ejercicios básicos pero importantes. Cómo se puede hacer una obra, no con el hecho de que no haya materiales, sino dándole importancia a la herramienta que es parte del lenguaje.

*¿Y el taller estaba pensado para un año específico de la especialidad?*

No, iba a ser un taller para que participara el que le interesara porque había gente que en ese momento estaba empezando a pintar. Lo que hicimos en El Vedado fue, primero, llamar a los socios: «Vamos a reunirnos un día a ver qué sale». Y nos reunimos en el estudio y empezamos a darle cabeza a aquello a ver qué hacíamos, hasta que surgió la idea de que cada uno hiciera una propuesta de tema para de ahí escoger. Lo hacíamos en viernes alternos. Se les avisaba a los alumnos del ISA y venían algunos, venía gente que ni yo conocía. Tampoco éramos muchos, diez o quince personas. Y yo asustado porque la dueña del apartamento vivía al lado y los espacios se comunicaban por una puerta. Cuando se formaban los escándalos aquellos, se oía todo. Me acuerdo que el primer tema que se propuso fue «La pintura abstracta y la pintura figurativa», la relación entre ellas. Fueron dos o tres horas hablando de eso y al final resultó más interesante de lo que nosotros esperábamos porque todo el mundo habló.

En esa cuerda se hicieron como siete u ocho talleres con temas puntuales: «La abstracción y la figuración», «El qué y el cómo», «El mercado», «El estilo en la pintura», el tema del estilo y hasta qué punto eso era real. Después, mucha gente empezó a salir de viaje, o me iba yo y no había dónde hacerlo. Un día se hizo en el estudio del Pollo. Luego llegaron las vacaciones, y lo que decidimos fue no llevar más temas y que la gente empezara a hacer presentaciones. Dos estudiantes de la escuela de Glasgow que estudiaban pintura hicieron una presentación; [el poeta] Rito Ramón Aroche dio también una conferencia; un animador de los *Simpsons*, que era amigo de Darwin y llevaba veinte años trabajando en la serie, dio una conferencia sobre cómo funcionaba el show; un pintor alemán que vive en Cuba hace años y que estudió con Joseph Beuys y Georg Baselitz, también presentó; Odey Curbelo, Carlos Quintana, que estaba recién llegado en esa fecha, hicieron presentaciones. Por ahí pasó mucha gente, y nosotros mismos también. Niels y el Pollo hicieron presentaciones, pero luego eso se fue enfriando un poco. Nos empezamos a complicar con el trabajo y todo el mundo se fue dispersando. El otro día estábamos hablando de que sería bueno rescatarlo. A mí me encantaría hacerlo aquí, pero eso es espontáneo también y no sé si la gente está dispuesta a venir hasta acá.

*¿Crees que ese formato de encuentros, que se fue gestando y mutando de manera espontánea, tiene cierta conexión con los talleres de crítica del ISA?*

Una de las cosas que nosotros queríamos era, no revolucionar o cambiar lo que pasaba con la pedagogía en el ISA, pero sí agregarle cosas acorde con los intereses de los estudiantes. Nosotros estábamos recién graduados y sabíamos cómo pensaban. Esa era la idea, y en los talleres se hablaba mucho de eso. En todos los temas que se discutieron salió el tema de la pedagogía. Y llegamos a la conclusión de que la producción artística se vio afectada por la enseñanza del ISA. La manera de crear estaba muy marcada por un patrón, un canon que había afectado la manera de hacer el arte en Cuba, y lo que tratábamos era de abrir más posibilidades. En el ISA la mayoría de los profesores y muchos alumnos tenían un método para crear y a la misma vez un método para leer el arte, algo que también es muy delicado. En este momento hay muchas sensibilidades y muchas maneras de hacer, y eso ha hecho que la gente se abra un poquito porque antes todas las exposiciones se leían de una misma manera. Consciente o inconscientemente, la gente se paraba a leer una fotografía como mismo leía una performance, una pintura, o un video. Y no se puede leer la pintura como se lee una instalación. La pintura es un arte. No es una forma de hacer arte, es un arte en sí misma, igual que lo es la escultura, o la fotografía y no se pueden leer igual aunque haya muchas conexiones entre ellas, como pueden ser la historia o el arte en general.

La pedagogía «afectó» mucho la manera de leer y hacer el arte porque todo el mundo en el ISA quería crear con los medios que estaban de moda. Entonces te topabas con ideas que estaban hechas de manera instalativa o con fotografía, pero que como mejor se resolvían era, por ejemplo, en video. O veías videos que no tenían sentido que estuvieran hechos en video. Entonces te encontrabas, y eso es una cosa que yo no acabo de entender, no en Cuba sino en el mundo entero, que la gente que hace performance le tenía miedo a la muerte de la obra, y asumían como obra también la fotografía de documentación. Es verdad que hay documentaciones de performances que son buenas fotos pero yo no logro verlas como obra, y hay quien las exhibe y las vende. Esos son pequeños detalles de cómo la pedagogía en el ISA estaba encerrada en una maneras de hacer. También estaba la idea de que si la obra no respondía, por ejemplo, a la fórmula de que esta taza más este vaso significaba esto otro, no era una obra de arte. No existía la posibilidad de que la taza me permitiera pensar en quince cosas o más. No, una taza era una taza y si la ponías al lado de un vaso el resultado podía ser uno solo. Eduardo Ponjuán era un tipo más abierto en ese sentido. Él me dio clases en tercer año, pero siempre dio talleres aparte. Como profesor trataba de que estuvieras consciente de lo que estabas haciendo, pero una vez se le escapó una cosa que para mí fue una enseñanza, nos dijo: «Uno nunca puede pretender que en las obras que uno haga esté todo calculado, y todo pensado y que puedas explicarlas; la mayoría de las obras de arte los artistas no se la explican hasta dentro de diez o quince años». Y es verdad. Hay obras que hice hace cinco o seis años y sigo descubriéndoles detalles que pueden llevar a otras investigaciones.

Para nosotros esa metodología de la sumatoria, que es la onda de la metáfora en el arte, era una forma de matar la obra, de encerrarla en una lectura que no te permitía ver más allá. Yo creo que cuando tú ves una obra de arte y la entiendes, el chistecito clásico de: «Ah, mira esto», la obra se termina. Para nosotros era importante la obra que te sugería cosas y, después de pararte frente a ella, te ibas para la casa y la tenías ahí, porque no entendiste nada pero te comunicaste con ella de otra manera y te hizo pensar en otras cosas. Ese tipo de sensibilidad era la que queríamos despertar. Un arte que no fuera tan cerebral, un arte que también jugara con los sentidos, con las emociones. Un arte sensorial en el que hubiera espacio para todo. Recuerdo que muchos interpretaron mal las cosas y se escribieron muchos textos diciendo que lo importante para nosotros era hacer un arte vacío de contenido. Lo cual era una interpretación muy ingenua. Para nosotros la forma es contenido; los métodos, las motivaciones, las herramientas, el cómo, son contenidos en una obra de arte, no solamente la teoría o la idea.

*¿Te parece que esa perspectiva pedagógica ha afectado el desarrollo de la pintura dentro de la creación de los artistas que se estaban formando?*

Por supuesto. De hecho, esa fue una lucha terrible porque muchos profesores no entendían que una vez al mes o cada dos meses nosotros no tuviéramos una obra definitiva que mostrar en un taller de crítica. Esos eran los conflictos más grandes. En primer año las críticas eran más seguidas, pero luego se hacían cada mes o cada dos meses. Pero la pintura tiene un proceso diferente. Yo me podía pasar cinco meses trabajando sobre una misma idea, con una misma investigación, por eso al cabo de los dos meses tenía que repetir lo mismo. Y los profesores no entendían. Ellos querían algo concreto. Mucha gente hacía una pieza y hablaba de ella, y yo iba y hablaba de lo mismo. Siempre he escrito sobre mi obra y sobre la pintura a manera de aforismos, y tenía muchas ideas, entonces me dije, lo que voy a hacer es hablar la mitad ahora y guardar la otra para la próxima, para tener algo que decir. Y enseñaba los cuadros que había hecho. Fue una manera de buscar la fisura a esa pedagogía, de acomodar un proceso que no tenía nada que ver con ese ritmo, de engañar al profesor, y de engañarme a mí mismo. Hasta que dije: «Suficiente». Creo que fue con Lázaro Saavedra que fue nuestro profesor en cuarto año. Con él también había que presentar todos los meses, pero él es un tipo muy inteligente, y llegó el momento en que me dijo: «Si no tienes nada no tienes que hablar, enséñanos las cosas y ya». Y así fue.

*Una vez comenzada la vida profesional, ¿sintieron que existía la misma proyección hacia el arte y la pintura que dentro del ISA, en lo que respecta al circuito institucional de promoción?*

Sí, fue difícil también. Incluso desde que estábamos en cuarto y quinto años del ISA presentábamos proyectos de pintura y la gente no quería. Pero así y todo yo logré hacer la tesis en la Galería Servando. Píter Ortega y Sachie Hernández estaban trabajando allí en ese momento, y creo que fue uno de los espacios que se abrió bastante a este fenómeno. El Pollo y yo participamos también en una exposición colectiva en el Centro de Desarrollo, en la que teníamos una sala. Pero yo había presentado proyectos y nada. Por otra parte, entendía; éramos recién graduados, estábamos en un proceso de investigación, pero me di cuenta que por el hecho de ser pintura, nadie quería dar el primer paso.

*Entonces lo talleres fueron también una reacción a todo esto.*

Por supuesto. Darwin en ese momento estaba dando clases en el ISA junto con Ramón Cabrera. Y empezó a asumir las clases de Ramón de metodología de la investigación en el arte, y en los talleres que hacíamos en el estudio hablaba de la ortodoxia del curso y de su experiencia al asumir la asignatura con otra visión. Darwin siempre hablaba de

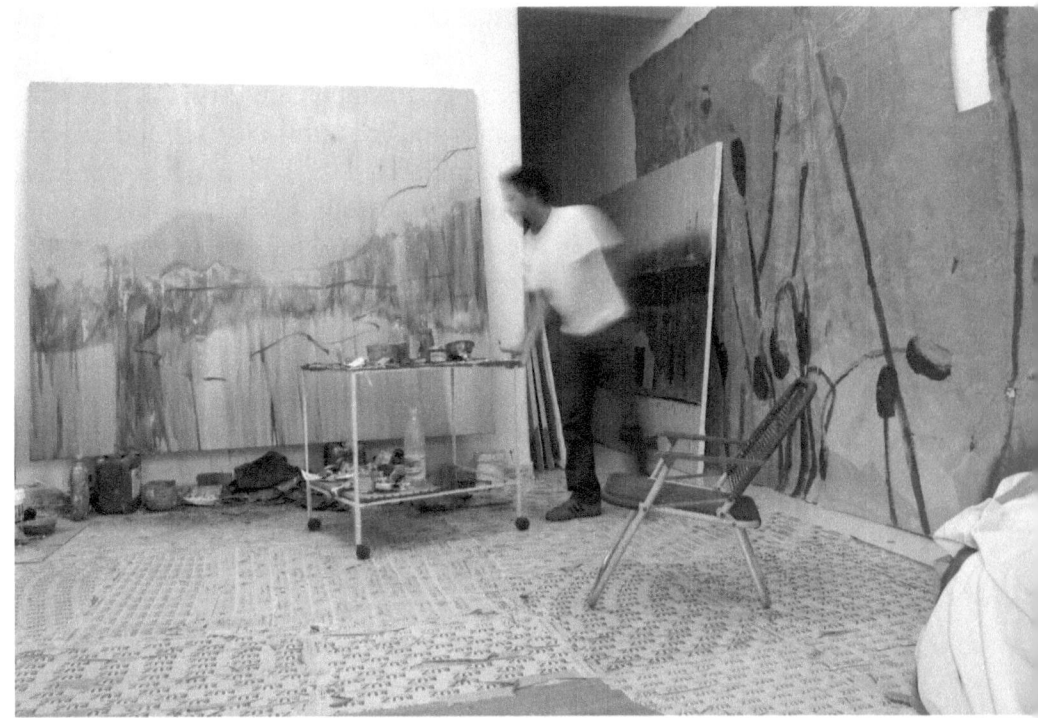

Estudio de Alejandro Campins de 2011 a 2016, Calle 2 entre 19 y 21, El Vedado. Cortesía del artista.

las fisuras en la pedagogía y de qué se debería hacer. Pero, una cosa interesante es que dos años después, Darwin logró que hiciéramos el taller en el ISA.

*¿Con el mismo programa inicial?*

No, lo habíamos cambiado un poquito y nos abrimos también a lo que querían los estudiantes. Pero nos llamó la atención que había muchachos que estaban pintando con una onda medio *light* y al final el taller terminó con uno o dos estudiantes. Yo creo que eso tiene que ver con esa generación en el mundo entero, no sólo en Cuba. Que a los muchachos no les importa nada y todo lo quieren resolver por sí solos. Había dos o tres que sí estaban conectados y con esos seguimos.

Al final nos dimos cuenta de que ellos eran los que de verdad estaban asumiendo la pintura en serio. Había mucha gente pintando, pero pintando por pintar. Como mismo en un momento estuvo la moda de hacer fotografía y video, y había unos cuantos haciendo fotografía y video que al final no llegaron a ningún lado, estaba pasando lo mismo con la pintura. Todo el mundo pensaba que se había producido una súper ola de pintura y no fue así. Había y hay mucha gente pintando, pero de quince se pueden escoger dos.

*¿En qué año fue que lograron impartir el taller?*
Fue en el 2012.

*¿Te parece que esa ola de pintura, o más bien moda, como dices, es consecuencia del camino que ustedes abrieron?*
Yo pienso que sí. Creo que una vez que desaparece un poquito el prejuicio hacia la pintura, un poquito nada más…

*Sí, porque todavía se conserva.*
Pero eso es interesante también. Una vez que desaparece un poquito ese prejuicio, hay gente a la que le gusta pintar y no lo hacía, y ahora lo hace, pero eso no lo es todo. Hay que tener muy claro qué se quiere y qué se puede hacer con la pintura. Y eso es lo más difícil de todo. Nosotros recibimos una buena formación académica en el nivel medio en Holguín, porque realmente esa escuela era, académicamente, muy buena, y también tuvimos una buena formación conceptual. Llevábamos las dos cosas a la par. Yo me gradué en Holguín haciendo pintura, abstracción, pero no pensaba críticamente en la pintura, ni desde la pintura. Eso se fue formando en el ISA. Ahí uno empieza a darse cuenta de otras cosas, a ver el arte diferente. Empieza a ver los lenguajes, cómo se forman los movimientos, los grupos, las ideas.

*Y ustedes coinciden con un movimiento de arte de corte social y político ligado a la Cátedra Arte de Conducta de Tania Bruguera, que empleaba los medios que antes mencionabas, la instalación, el video, así como la documentación de inserciones sociales, y que fue muy fuerte en ese momento.*

Muchos de mi grupo eran de la Cátedra, que era una cosa totalmente distinta. Y estando nosotros en primero y segundo años estaba todavía DIPP [Departamento de Intervenciones Públicas], de Ruslán Torres, y DUPP [Desde una Pragmática Pedagógica], de René Francisco Rodríguez y Enema, de Lázaro Saavedra, estaban recién graduados.

*Es interesante que sea precisamente ese momento, en que había otras formas de hacer arte ligadas a proyectos pedagógicos específicos como el de Tania Bruguera, el de Ruslán, el de René Francisco Rodríguez, o el de Lázaro Saavedra, que se afiancen ustedes en la pintura.*

Cuando trato de explicar cómo todo esto se fue desarrollando, me gusta decir que para nosotros la cosa no empezó ahí. Ya había empezado antes con artistas con los que tuvimos bastante roce. Por ejemplo, Yunior Mariño, que era de DUPP, estaba haciendo pintura, hacía otras cosas también, pero estaba muy enfocado en la abstracción. Ruslán estuvo haciendo pintura y a nosotros nos encantaba; yo estaba entonces en nivel medio. Su obra y la de Yunior Mariño nos motivaron mucho porque era una pintura muy fuerte, muy contenidista. Y ver que había gente que estaba haciendo pintura con un contenido serio fue una motivación importante. También estaba Odey Curbelo, que era como dos o tres años menor que ellos, que estaba metido en una cuerda más tradicional. El trabajo que pasaron en el ISA, en medio de Enema y de DUPP, fue mayor que el de nosotros porque cuando aquello la gente era más radical. Me acuerdo que a Yunior Mariño la mayoría de la gente de DUPP le decían que él no era artista, así, literalmente. En esa época en el ISA la gente se vio muy afectada por la teorización. El exceso de teorización afectó la sensibilidad artística. La teoría ocupaba tanto espacio en sus carreras y en sus investigaciones, que dejaban de hacer obras, o las obras que hacían no tenían fuerza como obras de arte. La teoría está bien, pero hay que buscar un equilibrio.

El Pollo y yo hablábamos mucho de eso, y dijimos: «Por aquí no está la cosa». Orestes [Hernández], también se dio cuenta. No queríamos que nuestra obra ilustrara ningún tipo de teoría. Queríamos tener ese conocimiento porque es importante, pero no ilustrarlo. La teoría es una materia que viene después del arte y se encarga otro de hacerla. Entonces empezamos a buscar motivaciones en otras cosas, en la literatura, en la filosofía oriental, en el budismo, otras fuentes de inspiración.

Eso, por ejemplo, lo aprendimos con Yunior Mariño, con Odey, que a pesar de llevar una investigación tradicional en la pintura era un tipo súper inteligente, y posiblemente uno de los que más leía. Odey se iba para el Náutico a pintar marinas del natural, porque estaba muy conectado con la obra de Gerhard Richter, y una vez en una crítica, una profesora le dijo: «Tú le ves sentido ahora, como está el arte contemporáneo, a hacer paisajes del natural». Y él le respondió: «Y, ¿por qué no? Yo no sé si tiene sentido, pero por qué no podría ser. ¿Hay una respuesta para eso?».

Odey, de ser un pintor aparentemente fácil, se convirtió para nosotros en uno de los pintores más herméticos, más difíciles de entender con el tema de la pintura tradicional. También nos motivaba mucho la obra de Irving Vera. En medio de todo aquello, la obra de Irving era como el punto intermedio entre la calidad que nosotros queríamos de la creación, o sea, de hacer un arte serio, lleno de contenido, y la pintura. Para nosotros era un ejemplo. Pero también nos cuadraban algunas de las cosas que hacía DUPP, porque con ellos hubo un cambio de sensibilidad.

*También tuvieron acercamientos interesantes a la abstracción.*

Para mí una de las mejores exposiciones que se han hecho después del 98, fue la que hicieron en Galería Habana, *Con un pensar abstraído* [2000]. Es de las mejores muestras colectivas de los últimos años. Esa exposición cambió sensibilidades, como artista te lo digo.

Entre la gente que estaba haciendo pintura, incluso antes que Yunior y Ruslán, estaba Alexander Morales. Yo nunca coincidí con él pero dicen que pintaba mucho. También estaba Lenier Pérez, a quien sí conocí. Lenier era de Villa Clara, con una obra en pintura también súper fuerte.

En primer año casi no pude hacer nada porque eran los contenidos de [Thomas] McEvilley. Imagínate que nosotros habíamos recibido los contenidos de McEvilley en nivel medio en Holguín. En nivel medio no se dan, pero nosotros teníamos un profesor, Ramón Legón, que nos los dio. Nos hicimos una fórmula, porque McEvilley al final es una fórmula, y lo resolvimos así. En segundo año, antes de concentrarme más seriamente en la pintura, lo que hice fue muchos dibujos. Mucha gente se fundió con mis dibujos. Yo dibujaba unos paisajitos de revistas y hacía como historias, pero a algunos les parecían unos dibujos sosos. Hice cientos de dibujos. Habían dos o tres en mi grupo a los que más o menos les gustaban, pero imagínate muchos estaban metidos en la Cátedra de Tania que estaba en otra cuerda. Otra cosa que nos ayudó fue la disciplina. Tener disciplina y no dejarnos tentar por la presión, porque eso es muy fuerte. Cuando uno está en el ISA, en medio de tantos creadores, hay mucha presión, y mucha gente se deja llevar por la moda. Entonces empiezan los conflictos de inseguridad y existenciales, que son muy serios. Algo que nos ayudó y nos hizo disciplinarnos en lo que queríamos, lo aprendimos con el mismo Ruslán y con Yunior, fue la idea de que lo más importante en el arte es ser sincero. Eso también lo aprendimos en las clases de filosofía de Gustavo Pita. El grupo mío no lo tuvo directamente como profesor, pero yo iba a sus clases que fueron muy importantes a la hora de que muchos artistas tuvieran claro lo que querían.

*Volviendo al estudio, ¿te parece que el auge de los estudios no sólo como espacio de trabajo, sino de promoción, incluso de venta, ha reforzado la contraposición de las manifestaciones? La pintura parece haber salido perdiendo, en el sentido de que sus facilidades aparentes dentro del mercado cultural son leídas como comercialismo.*

Es lo que te decía, puede haber quince, veinte o treinta gente pintando pero al final –y no sólo pasa en la pintura–, hay sólo dos o tres que están trabajando seriamente. Pero es una de las cosas, y lo voy a decir de esa manera, que ha ayudado a limpiar el camino, a definir quién de verdad está, en el caso de la pintura, asumiéndola como arte.

Es verdad que la pintura ha salido perdiendo porque es la más vulnerable, pero a la vez es lo que más me gusta. A mí me interesa hacer arte más allá de todas las concepciones del mercado. Para mí es importante el arte y tratar de hacerlo desde la pintura es un reto que me seduce. El arte es un riesgo, el riesgo de sobreponerme a todas las convenciones desde la pintura. Y es fuerte porque tengo que decirle que no a gente que quiere comprar pintura porque es pintura. He llegado al punto de tener que decidir a quién le vendo y a quién no. De hecho, no vendo en el estudio y así me he podido quitar de arriba a mucha gente. Pero la mayoría de los artistas que hacen pintura, hacen todo lo contrario. Eso los puede acomodar a una manera de hacer que es confortable para el público.

Nosotros hablamos muchos sobre eso, porque quisiéramos llegar lejos con el arte, que se vea la obra de una manera seria, y pensamos que desde cualquier otro medio en Cuba es más fácil lograrlo. Desde la instalación, desde la performance, el video, no sé si desde la fotografía, es más fácil acceder a una élite mundial, porque el público de la pintura seria, de la pintura de verdad, es muy crítico, muy fuerte, y no viene a buscar pintores a Cuba. Ese público va a buscar pintores a donde hay tradición, a Alemania, a Francia, a Estados Unidos. Cuba tiene una tradición de pintura que realmente no compite.

*Tampoco se conoce internacionalmente.*

Por eso nosotros tenemos ese camino jodido. Pero no nos importa, esos son los riesgos y para afrontarlos hay que pensar de otra manera. No podemos conformarnos con pintar para el placer y revolucionar el contexto, al final eso se queda aquí. Lograr acceder a un público más grande con la pintura, como cubano... Lam lo logró. La gente que de verdad sabe de arte es poco probable que venga a buscar pintura aquí. Es difícil hablar de una escuela cubana de pintura. No sé si quizás eso será una tarea para nosotros, crear una escuela de pintura.

*Entonces tu estudio es en este momento un espacio sólo de trabajo.*

Sí, de hecho nunca he usado el estudio para exhibir obras. Hemos hecho los talleres y las presentaciones. Ahora estoy trabajando con Galería Continua, y esporádicamente con Sean Kelly. Antes trabajaba con una galería en Suiza y con Cristina Vives, con quien siempre he trabajado. Evité vender en el estudio, a no ser a gente que considerara que debía tener una obra. No se trata de subestimar a las personas sino de proteger

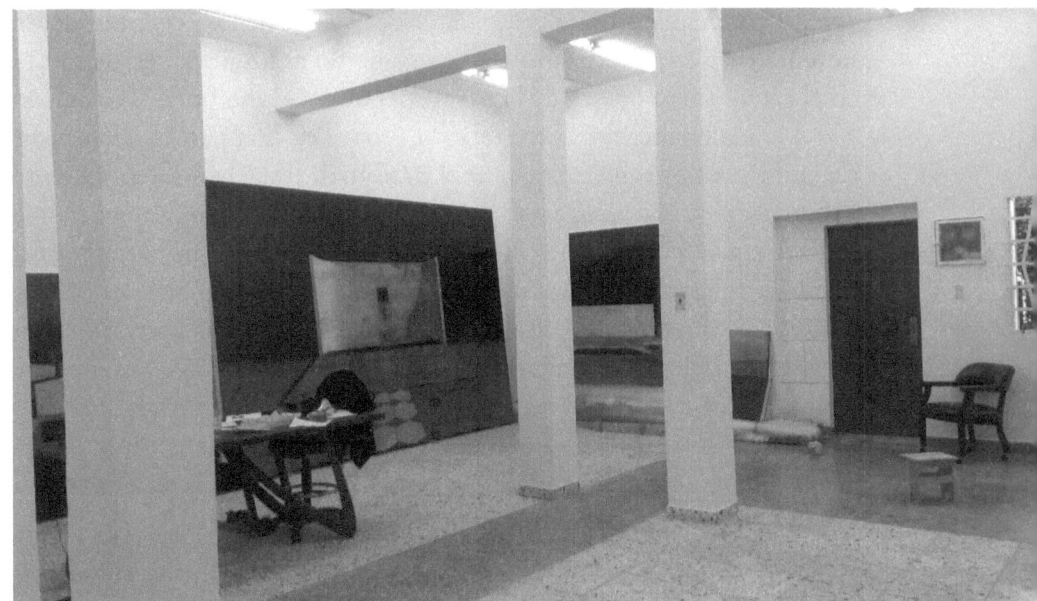

Estudio de Alejandro Campins desde 2017, calle Figueroa 418, entre Carmen y Vista Alegre, La Víbora. Cortesía del artista.

la obra. Y aunque la galería que tenía en Suiza era una galería que estaba empezando como nosotros, siempre le decía a los interesados, tienen que ir a la galería. También era una manera de educar a las personas que mueven público. Eso era tan difícil como el tema de la pintura en el ISA, porque todavía es así, y me cuesta porque muchas amistades también traen gente. Puede que haya vendido algunas veces, aunque no debía, pude haber cometido errores, pero la gente en Cuba no estaba acostumbrada a eso, al contrario, mientras más se vendiera en el estudio, mejor. Pero me di cuenta de que no era un problema de dinero, había que ganar en otras cosas, y ahora sí no vendo nada en el taller. Nunca me gustó, porque tenía miedo que me afectara la obra, la investigación. Había que tener la sangre fría, y pasar mucho trabajo. Pero decía: «No me gusta, de la otra manera no me gusta». Y te digo esto porque mi generación –y eso lo digo de manera personal, no sé si el resto lo ve así o lo quiera asumir–

aprendió mucho de los golpes y logros de la gente de los ochenta y de los noventa en el mercado. Porque el mercado no es un juego, es algo serio en el arte, es algo que va de la mano. Y tampoco uno puede vivir ajeno a él. Hay que saber llevar esa relación, como en una pareja. Y nosotros teníamos ese libro abierto que fue el tránsito de los ochenta a los noventa y todo lo que pasaron los artistas aquí. Teníamos todo para aprender, qué quieres tomar y qué quieres dejar. Gente que ahora está instaurada en el mercado en el primer nivel dieron tropezones que yo no quisiera dar, y para evitarlos tomé esa decisión. Si quieres tener una buena relación con el mercado del arte, una buena relación en el sentido de que no afecte de manera negativa tu obra, y que al contrario sea una herramienta útil para tu trabajo, tienes que aprender de todos esos tropiezos que dio el arte cubano, y también de los que tomaron decisiones radicales contra el mercado, esa tampoco es la solución.

*Los talleres de pintura empezaron a editarse y publicarse en formato de cuadernos. ¿Todos fueron documentados?*

Eso se grababa. Todavía están todos los archivos ahí, lo que pasa es que al final se transcribieron cinco o seis y se editaron, pero se publicaron solamente dos.

*¿Y cuál era la idea original con respecto a esa documentación?*

Al principio estábamos muy embullados: eso lo vamos a grabar y lo vamos a transcribir.

*¿Las grabaciones eran sólo de audio?*

Sí, las hicimos con los teléfonos. Y después se lo dimos a Liatna Rodríguez, a Lida Sigas y a Daleysi Moya. Primero lo empecé a hacer yo, porque no quería que se fuera nada, pero después me di cuenta de que no podía seguir haciendo ese trabajo. Y entonces ellas hicieron todo. Pero se hizo después que se nos acumularon todas las grabaciones. Podíamos haberlo hecho una por una, pero se nos acumularon todas. La idea era hacer un paquete de seis tomos y moverlo de esa manera. Empezaron a pasar otras cosas y quizás me confié y les dejé el trabajo a ellas y a un diseñador que estaba haciendo el diseño. Pero ellas se empezaron a complicar también con sus proyectos curatoriales y eso se fue enfriando. Pienso que en algún momento se publique todo. Eso quisiera.

*Yo creo que ustedes fueron de los primeros en abrir su espacio de trabajo para asumir nuevas funciones, funciones que habían sido hasta ese momento institucionales, en este caso para responder a una coyuntura relacionada con una manifestación en específico, la pintura. ¿Te parece que los estudios están cambiado el panorama del arte?*

Hay muchos artistas que se han hecho estudios galerías. Eso a mí me cuadra en muchos sentidos. Creo que todo surgió en primer lugar por la crisis institucional de los espacios para exhibir arte. Hay pocos y muchos tienen perfiles donde las cosas que se están haciendo no entran. Lo que me cuadra de esos núcleos que se están generando es que hay diversidad y que ha ayudado a definir «clanes», voy a decirlo así pero no es de manera despectiva. Que la gente pueda ver los diferentes núcleos del arte, los diferentes caminos que existen, es importante. Ya no está todo el mundo mezclado. Unos espacios más comerciales que otros, otros más experimentales, otros más correctos, hay de todo.

# Taller de infracciones pictóricas[1]

Duración: 1 semestre (febrero-junio)
Horas clases: 4 horas semanales.
Total de horas: 80 horas.

Objetivos

1. Reafirmar la validez del discurso pictórico dentro de las prácticas artísticas contemporáneas en consonancia con el discurso actual del Arte.
2. Abordar la pintura desde una postura crítica hacia el medio y hacia las cuestiones principales del arte actual, utilizando, tanto los elementos de la tradición pictórica como del arte en general.
3. Fomentar la búsqueda de propuestas pictóricas que dialoguen con otros medios.
4. Explotar otras maneras de construcción, bordeando los límites de lo «aceptado» como estructuras que están en movimiento y que encierran en muchos casos las posibilidades latentes alrededor de toda obra.
5. Destacar la importancia de las técnicas, dentro de la pintura, vistas desde una perspectiva abierta y no solamente centradas en las técnicas tradicionales que conocemos.
6. Explorar las formas de construcción de sentido utilizadas por la pintura, dividiéndolas en sus formas generales más representativas (figuración, abstracción, y conceptualismo, esta última viendo la pintura hecha en la postmodernidad) en relación con los componentes internos del medio.

---

[1] Programa elaborado por Michel Pérez Pollo, Darwin Estacio y Alejandro Campins para los estudiantes del Instituto Superior de Arte de La Habana.

## Comentario

El taller debe ir encaminado a la implementación del pensamiento crítico y desestructurador de los patrones fijos que se crean dentro de los medios académicos y artísticos en general, tratando de implementar propuestas que hagan un uso interesante de las técnicas, el conocimiento histórico y de los problemas fundamentales del arte actual.

Además, debe contribuir a consolidar una apertura en la mente del estudiante de manera tal que, para la mejor conformación de sus propuestas, sea capaz de tomar de las fuentes más diversas, y de encontrar formas auténticas de comentar sus propios procesos; prestándole más atención a los procesos investigativos desde una perspectiva amplia y menos viciada por los gustos o exigencias del campo artístico.

También se trabajará fuertemente con las motivaciones como el terreno fértil sobre el cual edificar una obra, dándole más importancia y teniendo en cuenta que en las motivaciones es donde está codificado, de cierta manera, lo que uno como artista trabajará prácticamente toda su vida.

Las clases se realizarán a partir de la combinación de encuentros de discusión sobre determinados temas con una serie de ejercicios prácticos.

## Temas a tratar

Los grandes movimientos de las artes plásticas (artistas puntuales) y su influencia perenne a través de su historia. Abordar las tres vertientes más importantes dentro de la tradición de la pintura como son el realismo, el expresionismo y la abstracción.

La importancia de las técnicas y su unión indisoluble con los conceptos artísticos desde una perspectiva histórica.

El arte conceptual y su importancia más allá del movimiento histórico con el mismo nombre.

Pintura conceptual (Prácticas pictóricas en Cuba).

Pintura actual (Nacional e internacional).

Para este taller se han seleccionado una serie de ejercicios que en algunos casos son readaptaciones de otros ya usados con anterioridad en programas implementados en el propio Instituto por otros maestros, y otros que son resultado de procesos que hemos seguido en nuestra propia práctica pictórica y que no son más que el estudio de diferentes obras de artistas y sus maneras de proceder, pero que en general están enfocados en la desestructuración del concepto de pintura.

Ejercicios:

1. *Pintar un cuadro sin ningún sentido preestablecido, sin tener en cuenta un discurso de ninguna índole.*

¿Es posible realizar una obra que carezca totalmente de sentido? Podemos como productores desconocer el alcance simbólico de nuestros gestos e inclinaciones pictóricas, pero incluso si se diera el caso extremo de total desinterés, cada parte del objeto sería motivo de eventuales concatenaciones mentales en los espectadores. Se parte de la idea de que todo acto, incluso el más insignificante, posee un móvil y nos aporta un nivel importante de información que, si somos capaces de advertirlo, puede convertirse en un paso importante en el proceso de autoconocimiento de nuestras propias poéticas.

2. *Pintar el cuadro más ridículo que jamás se haya visto.*

Cada época y generación discrimina dentro de la tradición pictórica una serie de maneras o prácticas pictóricas y elige resaltar o apropiarse de ellas en contraposición a las concepciones «caducas» que, por fuerza de repetición en una generación anterior, caen en el vacío informacional, y a su vez legitima otras posturas que en su momento dejaron de ser efectivas y ahora son sacadas a la palestra porque están a tono con las nuevas concepciones o porque son una plataforma sobre la cual se pueden edificar conceptos nuevos. Lo *ridículo* se refiere a los temas, soluciones y concepciones pictóricas que a un pintor de ahora jamás se le ocurriría utilizar, debido a un concepto impuesto por la época y las modas artísticas actuales.

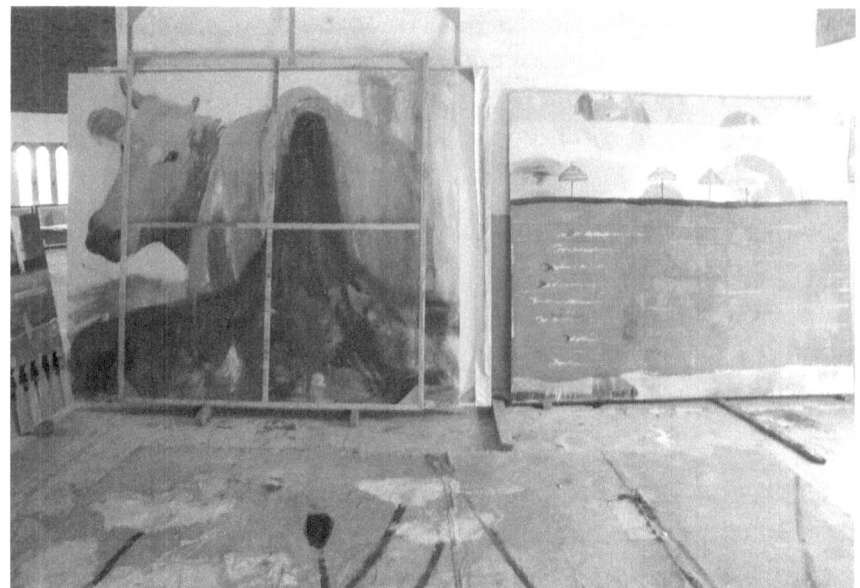

Estudio de Alejandro Campins, Instituto Superior de Arte, 2007-2009. Cortesía del artista.

*3. Pintar un cuadro a la manera en que usted siempre quiso pintar.*
Este ejercicio va encaminado a reconocer y trabajar con las inclinaciones y gustos adquiridos durante nuestra formación artística que nos hace develar, desde un nivel básico de identificación, ciertos patrones que subyacen como influencias a veces subconscientes de determinados gustos estéticos que, aunque no sean visibles, marcan sustancialmente nuestras concepciones actuales de la creación.

*4. Realizar una pintura donde el resultado sea indirecto, como registro de otra acción, sea artística o no.*
Este ejercicio propone una búsqueda de soluciones pictóricas fuera de la pintura y la práctica de una obra de carácter procesual convirtiendo el resultado en una documentación, creando las bases para explotar las posibilidades de realizar una pintura expandida o combinada con otros medios. Este ejercicio propone un acercamiento al medio desde

una perspectiva conceptual dándole a la idea una cierta primacía con respecto al resultado.

5. *Pintar un cuadro sin utilizar las formas tradicionales.*

El arte contemporáneo ha explorado una amplia gama de materiales en la conformación de las obras, una búsqueda de posibilidades pictóricas a partir de la experimentación con los materiales, desde los soportes hasta los pigmentos, así como la manera de aplicarlos. El material siempre ha sido un portador importante de contenido y la pintura es especialmente sensible a los materiales y la manera en que estos se combinan. Mantener la idea de que los materiales y técnicas tradicionales son los que definen a una pintura es una visión limitada de la práctica pictórica y jugar con estos conceptos de cómo o con qué se realiza una obra pictórica podría ayudarnos a encontrar soluciones frescas e inexploradas.

6. *Pintar un cuadro que devenga abstracto pero utilizando la filosofía de la pintura naturalista o mimética (o viceversa).*

Dinamitar las concepciones rígidas de los conceptos artísticos legados por la historia del arte nos permite reinterpretarlos a la luz de nuestras necesidades actuales. Además de servir como un ejercicio de revisión histórica de la tradición, nos permite subvertir desde una perspectiva formal y conceptual todos los supuestos y rígidos cánones de representación legados por estas dos tradiciones pictóricas tan influyentes. Nos obliga a buscar fundamentos personales para nuestras exploraciones pictóricas más allá de la carga de información que estos movimientos portan, y a hacer uso de la condición intertextual de los procesos artísticos.

7. *Hacer una obra pictórica donde la técnica, los materiales utilizados o algún otro componente pictórico esté alterado, o no esté en consonancia con la idea.*

Para realizar este ejercicio es necesario, primero, tener una idea lo suficientemente clara de lo que queremos hacer y luego saber dentro del cuadro qué es lo que no funciona en correspondencia con dicha idea. El ejercicio nos permite explorar la relación que existe entre los elementos de la pintura y el uso que le damos y, sobre todo, aclararnos el tipo de relación que se establece entre nuestros intereses u objetivos y la manera en que lo resolvemos, teniendo en cuenta la especificidad con que se presentan los contenidos dentro de una pintura y dentro del arte en general.

8. *Pintar un cuadro a cuatro manos.*

Este ejercicio nos permite enfrentarnos a la experiencia pictórica desde una visión negociadora y libre de visiones demasiado individuales. Realizar una obra a cuatro manos puede ser una manera de revisar nuestros apegos a concepciones estéticas, y ser objetivos a la hora de desarrollar los procesos de realización, además de enfrentar desde una experiencia colectiva el acto creativo.

*Estos ejercicios, cada uno por sí solo, no buscan la consecución de una obra terminada en el amplio sentido de la palabra, sino más bien introducir al estudiante en una búsqueda de soluciones conceptuales que faciliten una filosofía personal de hacer pintura, teniendo como principal ley la constante infracción de la misma.*

## Bibliografía

Furió, Vicenc (1991): *Ideas y Formas en la Representación Pictórica*. Barcelona: Anthropos.

Marchán Fiz, Simón (2001): *Del arte objetual al arte del concepto*. Madrid: Akal.

Ruhrberg, Karl (1999): *Pintura. Arte del siglo XIX y XX. Primera Parte*. Madrid: Taschen.

Sontag, Susan (1996): *Contra la inerpretación*. Buenos Aires: Alfaguara.

Hasting, Julia & Price, Matt & Schwabsky, Barry (2016): *Vitamin P2: New perspectives in painting*. London: Phaidon.

Estudio de
Henry Eric Hernández y Celia-Yunior

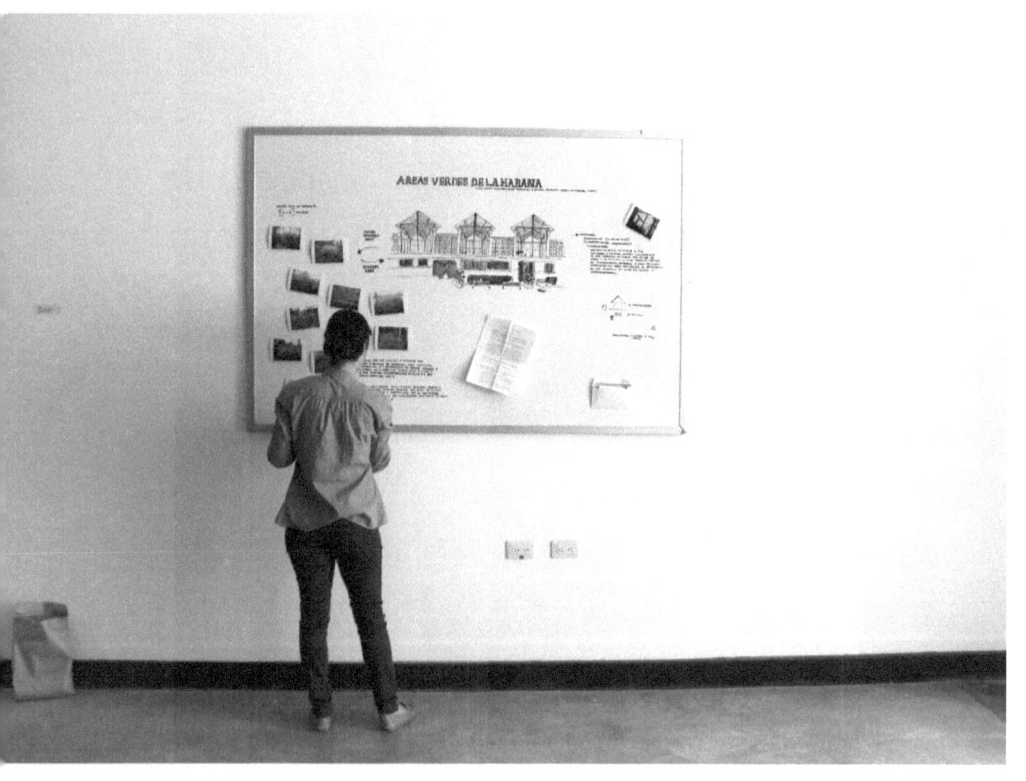

Isabel Cristina Gutiérrez instalando su obra «Maleza» para la exposición *Clase Abierta (Primera Edición)*, cierre del taller Transdisciplinariedad. Arte y Ciencias Sociales. Galería Taller Gorría, marzo-abril de 2017. Cortesía de Henry Eric Hernández.

# Henry Eric Hernández-Celia González: Transdisciplinariedad. Arte y Ciencias Sociales

*El desplazamiento de la colaboración de la acción creativa al estudio ha convertido al atelier en centro de gestación de proyectos multidisciplinarios. El estudio promueve hoy, además de la cooperación entre profesionales, la interacción entre centros culturales privados o estatales; locales o foráneos. Desde el espacio compartido por los artistas Henry Eric Hernández y Celia-Yunior (Celia González y Yunior Aguiar), se gestionan talleres pedagógicos, exposiciones, proyectos artísticos y editoriales, además de la conformación de nuevos núcleos urbanos para el trabajo cultural.*

*Sobre la concepción de la primera edición del taller «Transdisciplinariedad. Arte y Ciencias Sociales» (TACS) se extiende la primera parte de una conversación electrónica con Henry Eric Hernández, iniciada en julio de 2016. El diálogo con Hernández y Celia González se completó en agosto de 2017 durante una visita a su estudio en La Habana.*

*¿Cómo surge la idea de montar un estudio compartido?*

Henry Eric Hernández: La idea surgió en enero de 2016. No sabía que mi obra había tenido tanta promoción por tu parte, y que tanta gente de la generación alrededor de la Cátedra Arte de Conducta la conocía. Entre Celia y yo surgió una buena amistad y decidimos abrir un estudio compartido entre Celia-Yunior y yo para crear visibilidad, además de un buen ambiente de trabajo. Será un espacio de creación y de exposición, como casi todos los estudios de por acá. Pero, también estará un poco vinculado al ISA, pues mi taller «Transdisciplinariedad. Arte y Ciencias Sociales» empieza en octubre de 2016 y se extiende hasta enero de 2017. La idea es que los alumnos vengan al estudio una vez por semana a tomar las clases. El estudio estará localizado en la calle 23, entre 42 y 36, en Playa.

*¿Cómo está concebido el taller?*

H.E.H: Tendrá de ocho a diez alumnos y varios profesores invitados. Para esta edición tendré a Javier Villaltela y a Xavier Andrades, un profesor de antropología visual de FLACSO [Facultad Latinoamericana de Ciencias Sociales], que es el tutor de la maestría de Celia, y Delphine Fabbri Lawson, con quien además, abriré el año que viene un Laboratorio dedicado a estudios sobre antropología tecnológica y comunidad, un proyecto que ella viene desarrollando en Río de Janeiro y quiere traerlo aquí como parte de su tesis doctoral en Francia. La idea es que la próxima edición del taller la imparta Celia, que está haciendo una buena investigación, como parte de su máster en FLACSO, sobre las conexiones entre antropología y artes visuales en Cuba.

Para esta primera edición del taller me citó Laura Salas Redondo, la coordinadora del proyecto «Tercer Paraíso» de Michelangelo Pistoletto en Cuba, porque le interesa que las residencias artísticas que normalmente otorgan salgan desde el taller. Por lo pronto, me ha pedido incluir, como profesor invitado, a un profesor de la universidad de la fundación Pistoletto. Todo esto, es decir, el curso y el futuro Laboratorio con Delphine, que saldrá para el año que viene, estará ligado al estudio, aunque con espacios diferentes, pues el Laboratorio queremos hacerlo en un lugar que compraremos en Regla. Ya tenemos *sponsor*. El taller lo haré en el ISA.

*¿Qué tipo de trabajo desarrollará el Laboratorio?*

H.E.H: El Laboratorio tomará un año para echarlo a andar, pero saldrá. La idea es trabajar en torno a la tecnología, arte, comunidad, pero calzado con buena teoría, digamos, antropología tecnológica, cultura material, etc. Ahora estoy armando la bibliografía en torno a ello. El Laboratorio gestionará residencias para que vengan profesionales y artistas y que gente de acá vaya a otros sitios. También trabajaremos con ingenieros, programadores, etc.

*¿La convivencia espacial en el estudio ha estimulado el trabajo conjunto?*

H.E.H: Nos acaban de dar la beca de la Fundación Botín, Santander. Aplicamos a nombre de Celia, por cuestiones burocráticas, con un proyecto de intervención en una cárcel. Se llama «Bendita prisión» y consiste en una excavación arqueológica. Yo lo tenía almacenado y a la vez me parecía muy ambicioso para hacerlo solo, por lo que decidí replantearlo con Celia-Yunior. La idea era también potenciarlo como proyecto del estudio. Pero mantenemos al mismo tiempo el trabajo por separado. Yo estoy terminando una exposición para enero-febrero en el espacio Galería Taller Gorría [GTG], que está muy bien, tanto como espacio, como por el trabajo que hacen allí, pues producen el montaje y otras cosas. Ellos quieren arrancar a partir de diciembre de este año con Carlos Quintana, luego yo, luego Consuelo Castañeda, y creo que cierran el 2017 con Los Carpinteros.

*¿En qué consiste la Galería Taller Gorría? ¿Dónde está el espacio, quién lo gestiona?*

H.E.H: Galería Taller Gorría es un espacio abierto por Jorge Perugorría y lo lleva su hijo Adán. Producen montajes y se nutren de buena gente, pues están conectados con David Mateo, Esterio Segura y Los Carpinteros. Son muy amigos y de alguna manera ellos ayudan a orientar el trabajo.

*¿Quiénes fueron finalmente los invitados como profesores a la primera edición del Taller?*

Delphine Fabbri Lawson, Lázaro Saavedra, Javier Villaltela, Magaly Espinosa, Paolo Naldini de la Universidad de las Ideas de la Fundación Pistoletto, entre otros. Celia y Yunior [Aguiar] se sumarán a la edición del año que entra. Haremos algo mucho más transdisciplinar, en el sentido de implicar a más especialistas. Siempre a partir de la selección de textos localizados en los nichos conceptuales.

*¿Cómo funcionó la primera edición con respecto a su concepción original?*

H.E.H.: El Taller se impartió entre el ISA, el estudio y Gorría, lugar donde hicimos la exposición colectiva *Clase Abierta (Primera Edición)*.

En el sitio web de la galería hay algunas reseñas referentes al Taller; ha sido una manera de tener la información recogida en una web anclada al contexto cubano. En el futuro, es decir, a partir del curso próximo, el taller tomará un nuevo rumbo, pues me han expulsado del ISA porque censuraron un texto que publiqué en el número 4 de 2016 de *Cantiere*, el boletín de la Fundación Pistoletto.

Celia González: El texto apareció primero en «Ejercicio de pensamiento».

H.E.H.: Fue un ejercicio que hice con los alumnos como parte del taller. Cada uno escribió un texto. Lo hicieron todo ellos: diseño de los folletos individuales, la edición, la corrección, todo. Yo les dije: «Aquí no vamos a contratar diseñador, todo lo hacen ustedes».

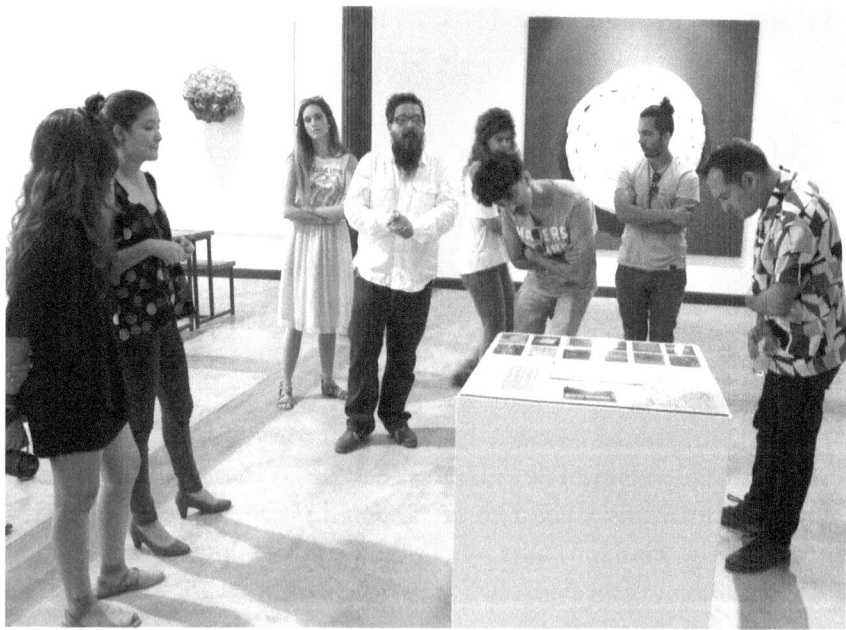

*Clase Abierta (Primera Edición)*, Galería Taller Gorría, 29 de marzo de 2017. Eileen Almarales Noy & Laura E. Pérez Insua, «Amnesia», 2016-2017, *work in progress* de la intervención *Memorias de la vagancia* en el barrio San Isidro, La Habana. Cortesía de Henry Eric Hernández.

*¿Fuiste expulsado por eso?*

H.E.H.: Fueron varias cosas. Primero vinieron a decirme que tuviera cuidado con los muchachos de tercer año porque tenían problemas ideológicos. Como era un taller opcional, la mayoría eran de tercer año. A Juan Pablo, uno de mis estudiantes, lo botaron primero, y a los dos meses me botaron a mí. Teníamos la exposición en Gorría y empezaron asustar a los alumnos para que no participaran. Los reuní un día en el estudio, hice un *barbecue*, y les dije que si querían cerrábamos la exposición. Pero ellos quisieron hacerla. Fueron Lázaro Saavedra, David Mateo y Magaly Espinosa e hicieron una crítica buenísima, como las que se hacían antes en el ISA. Y no pasó nada.

C.G.: Después vino una mujer del MININT a hablar con Henry.

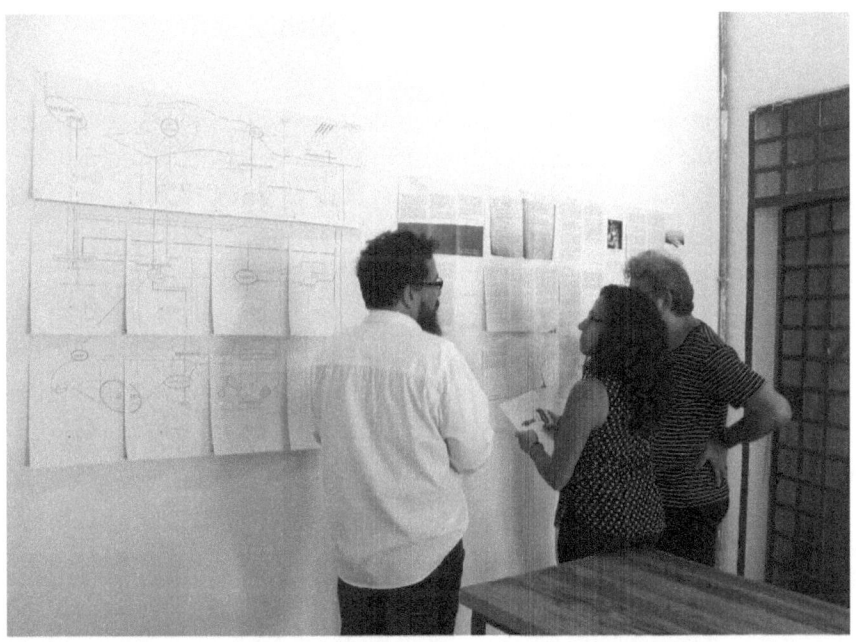

«Ejercicio de pensamiento (Primera edición)», publicación colectiva compuesta por doce textos, 2017. *Clase Abierta (Primera Edición)*, Galería Taller Gorría, 29 de marzo de 2017. Cortesía de Henry Eric Hernández.

H.E.H.: Vino como a disculparse. La senté y le dije: «No permito que ninguno de los profesores del ISA me juzgue ni como artista ni como académico, porque ninguno se para a discutir conmigo uno de mis textos. Cuando se los lean todos nos sentamos a discutirlos. Ya no son tiempos para que ustedes estén haciendo esto. Por el estudio han pasado críticos y curadores que están indignados por el estado de las cosas. Rachel Weiss casi llora en esa butaca, estuvo en el ISA en un *tour* que le dieron con sus alumnos y me dijo: "Eso es artesanía". El arte que se está haciendo es una mierda y el ISA ya no sirve». Se quedó sin habla y luego me dijo: «Te voy a dar mi teléfono». Le respondí: «¿Cuando vayas a las exposiciones te presento como la muchacha de la Seguridad?». Pero no la he visto en ningún lugar. Y ella es la que va a atender también el Lam. Una muchacha de 32, 33 años que no sabe nada, le han dado una motico, y la han puesto a atender las artes plásticas.

*¿Qué va a pasar ahora con el taller?*

La idea es situarlo entre Gorría, nuestro estudio y el Laboratorio que queremos hacer con Delphine Fabbri Lawson y su organización ANAHATA. Estamos trabajando en ello pero va lento. Quisiéramos que comenzara para mediados de 2018, pero lleva mucha logística en cuanto a buscar un espacio y acondicionarlo.

*¿Variará su estructura ahora que no está vinculado al ISA? ¿Cómo será la matrícula?*

H.E.H.: Voy a trabajar con los mismos alumnos, pero ampliaré la matrícula a veinte. Quiero implicar a artistas como [José A.] Toirac, Lázaro… Yo había preparado unas carpetas de textos al inicio: «Cuerpo y corporalidad», «Representaciones para la historia» y «Cultura material-Vida cotidiana». La idea es rearmarlas pero mantener esas tres ventanas conceptuales, por así llamarlas. Luego, por ejemplo, darle esa información a Toirac y que él escoja los textos que quiere trabajar y que a partir de ahí genere una clase, una conferencia. Quiero hacerlo todos los sábados, sesión mañana-tarde. Como te decía, mi idea era hacerlo en Gorría, pero Dannys [Montes de Oca] y las muchachas del Lam me dijeron que por qué no lo hacía allí. Y pensé que no estaría mal conectar a esos dos tipos de organizaciones. Gorría es un espacio muy cómodo, cuando entras es como si estuvieras en Chelsea, a nivel de todo. La *Clase Abierta (Segunda Edición)* la vamos a hacer ahí, porque es el mejor lugar para eso. Lo que tengo pensado es hacer en el Lam las sesiones. Ellos tienen en el entrepiso una oficina que está climatizada donde hacen las reuniones y creo que caben quince o veinte personas. Dannys tenía la idea de que la Bienal fuera —algo que no estaba en el texto de presentación— de larga duración. Que empezara en noviembre de 2017 y estuviera hasta noviembre del año que viene. Y que en ese tiempo se hicieran eventos, exposiciones, talleres... Una de mis ideas era proponerle el taller como parte de la Bienal, porque además, el taller va un poco de discutir ese tipo de cosas, más allá de que hay artistas que son pintores y entran y salen pintando, el pensamiento va en esa dirección. Además es una oportunidad para que los muchachos queden resguardados en el catálogo de la Bienal, que puede que no sirva pero a todos nos gusta estar catalogados. No sé si esa idea se mantendrá.

*El tema de la próxima Bienal parece ser el mismo que el del Salón de Arte Cubano Contemporáneo.*

H.E.H.: En agosto del año pasado Dannys estuvo aquí y desde entonces tenía la idea de usar el tema de la «colaboración». Es una cosa que está en el aire. Su idea era que los espacios *indies*, alternativos, autogestionados, formaran parte de la Bienal.

C.G.: Lo que pasa es que esos espacios funcionan mucho mejor y no dependen de los estatales para nada. Atraen mucho más público. Los que dependen ahora son los espacios estatales. Como siguen con la rigidez, se van quedando cada vez más atrás. El Centro de Desarrollo [de las Artes Visuales] está desbaratado, no tiene equipos, los montadores no quieren trabajar. En Gorría, por ejemplo, mis fotos ya están montadas, y sé que no tengo que preocuparme porque las van a montar bien. Ahí tienen un equipo de dos personas que montan todo perfectamente y en poco tiempo. La galería se pinta cada vez que es necesario y Adán busca el

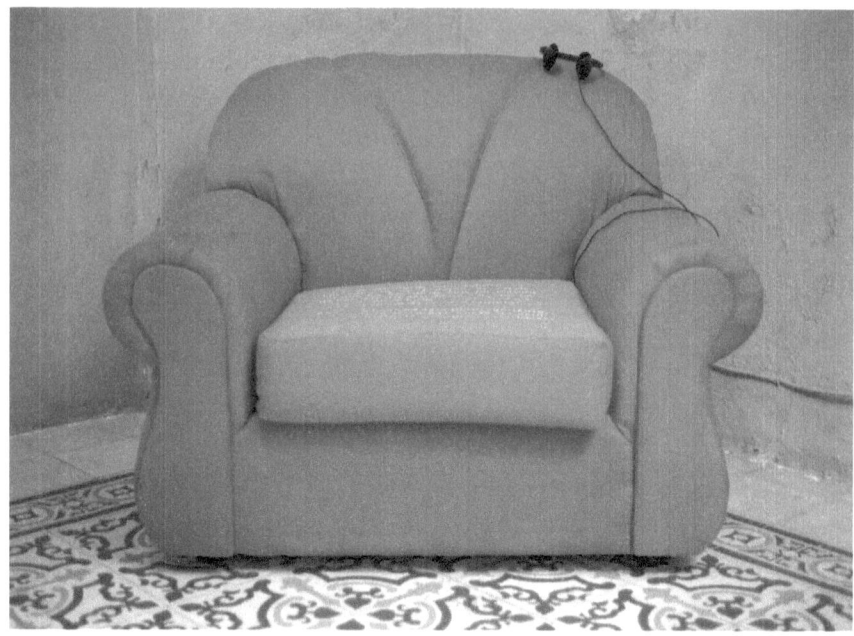

Vista de la exposición *Comprueba lo que has aprendido*, de Eileen Almarales Noy & Laura E. Pérez Insua en una vivienda del barrio San Isidro. Parte del proyecto *El arte de la escucha*, perteneciente a *Memorias de la vagancia*. 7.mo Salón de Arte Cubano Contemporáneo, 2017. Cortesía de Henry Eric Hernández.

presupuesto para que eso suceda. Yo sé que ahí no hay humedad y que cuando vaya a recoger las obras van a estar bien. Y uno se acostumbra a trabajar de esa forma.

H.E.H.: La idea de la Bienal[1] es lo que Jorge [Fernández] hizo en la Bienal pasada llevado un poco más allá. Yo tenía pensado presentar dos proyectos de intervención, pero como nos dieron la Beca Botín con el

---

[1] La edición del evento fue pospuesta debido a los daños ocasionados por el huracán Irma a su paso por la isla en agosto de 2017. Como respuesta a esta decisión de las autoridades locales, el artista Luis Manuel Otero Alcántara y la historiadora del arte Yanelys Núñez Leyva lanzaron la convocatoria de la #00Bienal de La Habana. Con el eslogan «En cada estudio una Bienal», la bienal alternativa se realizó del 5 al 15 de mayo de 2018 sin el apoyo del sistema estatal de la cultura y con la resistencia

proyecto de la cárcel, es lo que vamos a proponer. La intervención es el pretexto para abarcar bastante en torno al sistema penitenciario en Cuba. Trabajar con todos sus niveles y lecturas. Quiero armar un gabinete con todo lo que salga. Sería un ensayo de lo que va a estar en la Botín el año que viene. Después queremos hacer un libro como los anteriores pero más complicado, con gráficos, y un levantamiento mucho más exhaustivo. Pero para eso hace falta visibilidad, y un lugar bueno porque la verdad es que el Centro de Desarrollo está imposible. Por lo menos el Lam funciona un poquito mejor y hay dos especialistas que están interesados en el proyecto. El otro día conversando con Jorge le decíamos que no estaría mal volver a una Bienal como la del 94. Retomar espacios de la Cabaña. Lo cual no quiere decir que no haya intervenciones, pero para la mayoría de los artistas que hacen ese tipo de obras no se trata de que la gente vaya a ver la intervención sino de traer sus resultados.

C.G.: También hay otro problema, y es que la gente utiliza muy fácilmente las palabras sin entenderlas o saber a dónde va con eso. «Colaboración» pero, de qué manera. Y te das cuenta de que no hay nada detrás.

H.E.H.: Hace poco me dijeron que por qué no poníamos *El fin del gran relato*, la exposición que estábamos preparando en Gorría, como parte del Salón, porque era una «colaboración». Es una exposición que estamos trabajando desde hace un año y no tiene nada que ver con ese tema.

La idea es llevarla después a México y exhibirla en la Oficina de Proyectos Culturales [OPC]. Pilar Pérez, que trabajó mucho tiempo en Los Angeles, creó este espacio en México hace tres o cuatro años. Tiene un *board* de profesores de arquitectura, está Osvaldo Sánchez también. Yo les envié el proyecto y Pilar vino en julio. Ya hemos visto a varios artistas y estamos haciendo un pequeño documental. Adán buscará el presupuesto para el catálogo y yo lo enlacé con la revista *CdeCuba*, que editan muy bien. Preparan cuatro números al año y vamos a hacer el catálogo con

---

de las instituciones culturales y políticas del país. La XIII Bienal de La Habana está programada del 12 de abril al 12 de mayo de 2019.

ellos. Me gusta la idea de un espacio *indie* que se conecta con otro que está del otro lado, espacios que emplean presupuestos públicos y privados para mantenerse.

*El hecho de que la colaboración entre espacios autogestionados se extienda, como dices, más allá de los que existen en el país, es un signo de la seriedad con que están trabajando estos centros.*

C.G.: El Apartamento, Continua, y Artista X Artista se llenan cada vez que hacen un evento. Lo que ya no logra ninguna galería estatal.

*También son espacios autónomos que no necesitan de subvenciones para funcionar.*

H.E.H.: Sí, porque ya ni las embajadas hacen falta. Las instituciones y el gobierno deberían estar agradecidos de que la gente esté aquí trabajando aunque sea por un tiempo. Al final es un lujo que se puedan hacer exposiciones como esta que vamos a hacer en Gorría, que se puedan producir buenos catálogos sin que venga nadie a decirte a quién poner en la portada. El otro día estuvimos en casa de Magaly Espinosa reunidos y yo decía: «Este es el descalabro de la institución cubana en todos los sentidos».

C.G.: Y todos estábamos de acuerdo.

*Es un proceso que parece no tener marcha atrás, en el sentido de que la autogestión se realiza ahora desde espacios independientes. Aunque desde los noventa la producción de una exposición podía venir de los artistas, o del curador era un fenómeno todavía nómada que tenía que interactuar con las instituciones porque eran los únicos espacios que existían. Ya no es así.*

H.E.H.: Espacios como Artista X Artista, El Apartamento y Gorría, que son los tres más buenos, y el de Cristina Vives, que es un clásico, ya no mueren. Tanto a Artista X Artista como a Gorría va Fernando Rojas [viceministro de cultura] a todas las exposiciones. Perugorría lo llama el día antes, a Abel Prieto también, para que se lleguen a la inauguración. A la exposición mía fue Fernando, y me dijo que la única obra que no le gustó fue la de los médicos. Una tarja que vamos a poner en el pedestal que está en el Hospital Hermanos Ameijeiras, abajo del puente. La tarja tiene el número de médicos que han desertado de las misiones en el exterior en los últimos diez años. Se llama «Forjar la tradición» y lo que hicimos fue buscar los datos en la prensa internacional, porque también tenía que ver con la falta de transparencia que hay en Cuba con ese tipo de información.

*¿Y pasó algo con la obra después de ese comentario?*

H.E.H.: Celia y Dannys me dijeron: «Mañana aparece la obra tapada con una tabla», pero no pasó nada. Después pasó lo del ISA… Pero los espacios *indie* siguen funcionando. Dago [Dagoberto Rodríguez] me convocó a partir de la exposición que ellos hicieron de arquitectura y diseño para hacer una muestra en su estudio.

*¿La interacción con estos espacios desde la curaduría no los ha llevado a pensar en la posibilidad de establecer un centro propio, similar a estos, para desarrollar exposiciones?*

H.E.H.: Mauro, un amigo de Adán, tiene un pequeño espacio en la Habana Vieja que quiere darme. Pero, de aceptarlo, lo utilizaría para la producción de obras gráficas, libros. Es un espacio un poco más grande que este estudio. Más alto, y se le puede hacer un mezanine. Dago también quería hablar con Adán para que Gorría funcionara como una especie de galería o centro cultural, y que me dejara como curador. Pero a mí lo que me interesa es hacer proyectos específicos, generar ideas, producirlas y seguir a otra cosa. Lo hago con Gorría, con Los Carpinteros. Trabajo con todas las sectas y con ninguna a la vez. Lo que me interesa es unir todo lo que pueda. Creo que eso es lo más importante.

# Notas de presentación para un taller *in progress*

## Henry Eric Hernández

*You are in the most beautiful art school of the world*; esto le decía un profesor estadounidense a sus alumnos en el patio de la Facultad de Artes Visuales del Instituto Superior de Arte de La Habana (ISA). «Los alumnos del ISA están perdíos, se pasan el día pensando en las guaguas»; esto he escuchado decir a más de un colega del mundillo artístico cubano, entre los que se encuentran profesores de dicha facultad, artistas, especialistas y críticos de arte. Aunque estas dos sentencias no constituyen el motivo que me ha llevado a crear el taller «Transdisciplinariedad. Arte y Ciencias Sociales», vale la pena traerlas a colación porque puntualizan *grosso modo* el contexto en el que imparto el mismo.

Sabemos que el ISA es un espacio legendario para los interesados en el arte a nivel mundial, bien por su arquitectura y el mito que la resguarda, bien porque ha sido la gran cantera del arte cubano en los últimos cuarenta años, bien porque, en el caso específico de las artes visuales, ha generado proyectos pedagógicos a cargo de artistas insignes como Flavio Garciandía, René Francisco o Lázaro Saavedra. Digamos que a esto se refiere la primera sentencia. Respecto a la segunda, pongamos que hace referencia a un tipo de mercado que se ha venido generando en el entorno del arte cubano desde hace algunos años, del cual no queda exento el ISA –léase alumnos y profesores, pues estos últimos, si bien critican a sus pupilos, también hacen de las suyas en lo que ellos mismos llaman «candongueo». Pero el problema no está en si se deben o no permitir y promover tales ventas en el ISA, o si los compradores que por ahí pasan son conocedores o no de arte, o si el arte que se les vende es o no de buena calidad; el meollo de la cuestión es que todos –repito–, profesores, artistas, especialistas y críticos de arte, achacan al trasiego de los grupos de turistas culturales y a las compras que efectúan, el «fracaso» del proyecto pedagógico del ISA hoy.

De más está decir que el ISA forma parte del contexto cubano y su actual tránsito hacia ese momento que llamamos «cambio», que a veces nos provoca desasosiego y otras tantas se nos presenta indefinido. Este es un proceso del que tempranamente podemos sacar algo muy positivo: la búsqueda de fórmulas de autogestión y autosuficiencia, no sólo para seguir sobreviviendo, sino además para producir un cambio desde abajo, más allá de las decisiones y los pactos gubernamentales. Y el arte, es decir los artistas, no iban a hacer menos en lo que a generar autogestión y autosuficiencia se refiere. Y, lógicamente, los estudiantes del ISA tampoco iban a ser menos que dichos artistas. Lo que quiero decir es que,

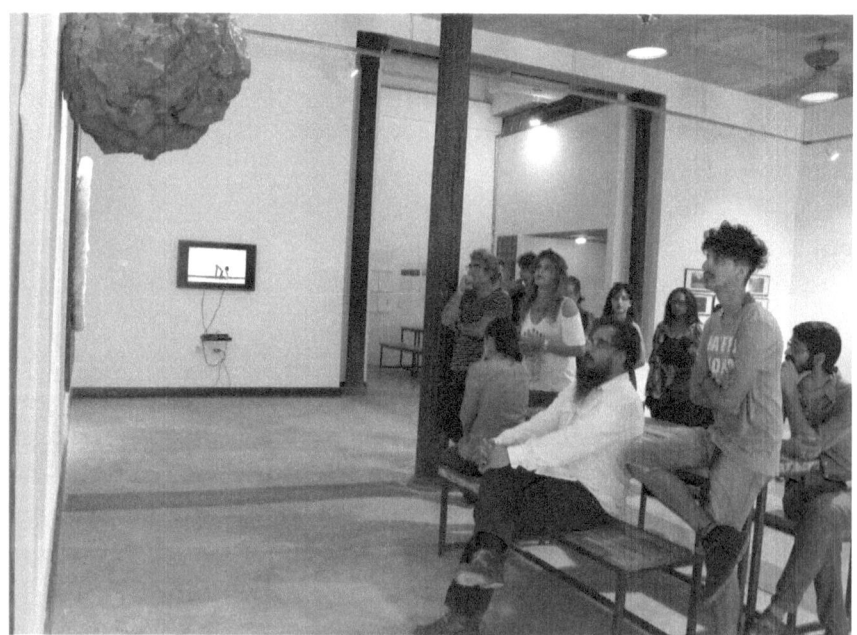

*Clase Abierta (Primera Edición)*, Galería Taller Gorría, 29 de marzo de 2017. Lianet Martínez, «Alud», 2017. Cortesía de Henry Eric Hernández.

en este caso, resulta igual de válido que los grupos de turistas culturales sean recibidos por los artistas en sus estudios como por los estudiantes en sus cúpulas del ISA.

Ahora bien, lo que sí no resulta válido es visitar las clases del ISA y apreciar, de modo generalizado en sus sesiones de crítica, cierta falta de compromiso de quienes enseñan con lo que enseñan, pero sobre todo, con quienes aprenden. Lo que más atenta contra el ISA como institución académica es que los departamentos, y por ende sus profesores, no tienen un proyecto pedagógico claro, o al menos no se lo hacen ver a sus educandos. Como me ha dicho una estudiante: «Hay una desidia y un tono invasivo constante de los profesores hacia los alumnos». Por lo cual, la mayoría de los estudiantes van arribando de un curso a otro acumulando desinterés y desilusión, pero sobre todo, falta de referentes. No se trata de disminuir la responsabilidad de dichos estudiantes, sino de hacer ver a quienes les corresponde una mayor. Tampoco se trata de echar leña al fuego del «tópico ISA» sino, como ya adelanté, de esbozar el contexto en el que imparto el taller «Transdisciplinariedad. Arte y Ciencias Sociales».

El taller surgió de mis preocupaciones y experiencias como artista e investigador social; se basa en el cruzamiento de las experiencias artísticas con las ciencias sociales para proporcionar a los participantes una serie de lecturas —a partir de sus intereses creativos y discursivos—, tomadas de diferentes campos de las ciencias sociales, como por ejemplo, los estudios culturales, los estudios antropológicos del imaginario, los estudios visuales y hermenéuticos, la historia cultural, la cultura material, la historia oral, los estudios sociológicos y de la comunicación. Lecturas que deben ser comprendidas y debatidas en colectivo de modo que, las experiencias y el contenido que generen, puedan ser revertidos en los procesos creativos. Por tanto el taller está dirigido a estudiantes interesados en asumir su obra como un proceso transdisciplinar, entendido este como un diálogo consciente entre la producción artística y las teorías, métodos y experiencias del ámbito de la investigación social.

Para esta primera edición, he propuesto tres nichos discursivos en los cuales agrupar la bibliografía: «Cultura material y vida cotidiana»,

«Representaciones para la Historia», «Cuerpo y corporalidad». A partir de esto, y teniendo en cuenta la presentación que ha hecho cada alumno de su obra, he indicado a cada uno de ellos varios textos sobre los que deben disertar una vez leídos. Aunque el criterio esencial del curso es generar un conocimiento que ayude a los estudiantes a ir consolidando tanto su obra como las formas discursivas que la puedan arropar, también he planteado la realización de tres ejercicios sobre la base de lo leído y discutido. Uno de ellos, actualmente *in progress*, es una obra de carácter colectivo que tomará forma de folleto y será publicado como una compilación de pequeños ensayos escritos por los estudiantes e introducidos por mí. Titulada *Ejercicio de pensamiento*, la compilación reflexionará sobre dos problemáticas culturales que han salido a relucir desde las primeras clases: la primera es el proceso de tránsito cubano hacia un «nuevo momento nacional», y la segunda, la necesidad que siente esta generación de artistas de crearse un imaginario sobre el cual divisar y aprehender tal proceso. Esta última viene dada por cierta vacuidad en cuanto a registro simbólico y falta de referentes en muchas direcciones, que experimentan quienes participan en el taller, y por ende quienes estudian en el ISA; vacuidad provocada por el desgaste del imaginario del Gran Relato, que lógicamente afecta más a quienes nacieron durante la década de 1990. Si hay una generación a la que le toca emerger de «los días del cambio» es a la de estos estudiantes.

Espero que el taller sirva, parafraseando a Homi Bhabha, para que los estudiantes comprendan que el tropos de su tiempo –de los tiempos que corren– es ubicar la cuestión de la cultura en el campo del más allá: en ese ámbito donde no hay horizonte nuevo y el pasado no queda atrás; donde la desorientación y la exploración suelen cruzarse, como mito de sustento.

Arte Continua

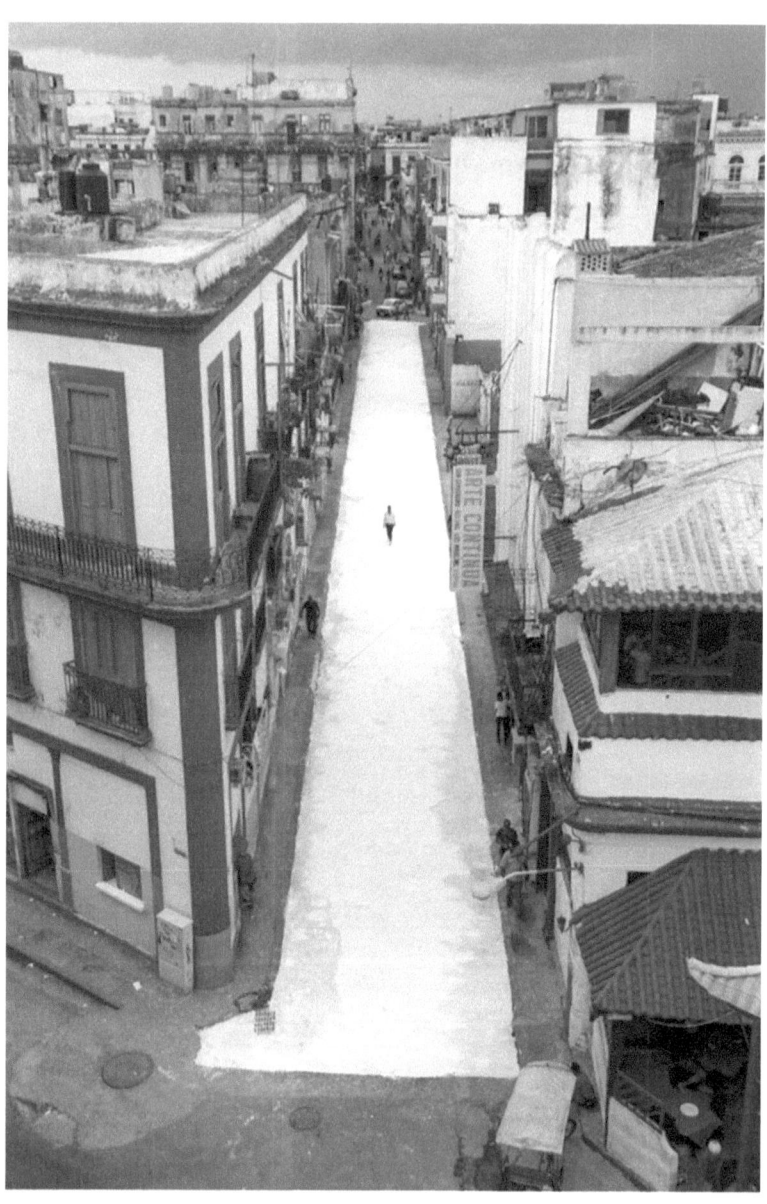

*Blanqueamiento*, intervención de Elizabet Cerviño, septiembre de 2017. Foto: Michel Pou. Cortesía de Galleria Continua.

# Lorenzo Fiaschi: Anclados en el territorio

*Galleria Continua es la única galería internacional asentada en Cuba. Desde su instalación en La Habana en noviembre de 2015, la sede de Arte Continua se ha convertido en uno de los espacios más activos de la ciudad. No obstante su colaboración con el sistema cultural cubano, la eficacia y singularidad del proyecto lo conecta al circuito emergente del estudio de artista antes que a la órbita institucional del Estado.*

*¿Cómo llega Galleria Continua a instalar una sede en La Habana?*
Galleria Continua es una galería con 28 años de edad, que abrió su primera sede en San Gimignano, una aldea medieval en la Toscana. Inauguró su segundo espacio en Beijing, en 2005, cuando en esa ciudad aún no existían galerías occidentales con un programa internacional. Luego, en 2007, se radicó también en las afueras de París, en Les Moulins, en el campo. Pues, siendo Galleria Continua una galería que acostumbra instalarse «en donde nadie esperaba encontrarla», podemos decir que su apertura en La Habana en 2015 no fue una excepción. Sin embargo, en ese entonces ya existía un fuerte lazo entre la Galleria y Cuba. Este tiene que ver con personas: la curadora cubana Laura Salas Redondo y el artista italiano Michelangelo Pistoletto. En 2014 Salas Redondo conoció a Pistoletto en la Bienal de Marrakech, y a su proyecto internacional que promueve un mundo más sostenible y responsable por medio del arte, el «Tercer Paraíso», y junto con Galleria Continua, lo invitó a concebir un proyecto para La Habana. Por ello, el 16 de diciembre de 2014, por coincidencia un día antes de la llamada entre Barack Obama y Raúl Castro, Pistoletto en colaboración con Galleria Continua y el artista cubano Alexis Leyva *Kcho*, realizaron el Tercer Paraíso en el mar, frente a la ciudad, con la ayuda de un grupo de pescadores y sus botes que

navegando uno tras el otro formaban el símbolo del Tercer Paraíso: un infinito que se cruza dos veces convirtiendo su centro en finito. Es interesante notar cómo de algo tan distante y distinto de un centro de arte en La Habana, como la Bienal de Marrakech, se haya originado Arte Continua, nuestro espacio en Cuba, que llevamos en colaboración con el Consejo Nacional de las Artes Plásticas (CNAP).

Durante de la XII Bienal de La Habana, Galleria Continua realizó numerosas performances, instalaciones y proyecciones alrededor de la ciudad, con artistas de importante renombre internacional. El compromiso con La Habana ya había tomado su forma.

*¿Cómo se desarrolló el proceso de negociación con el sistema institucional cubano para el establecimiento de la primera galería internacional en la isla?*

En Cuba, Galleria Continua radica en un antiguo cine en el Barrio Chino de La Habana, el Águila de Oro. Para subrayar el hecho de que este proyecto es el fruto de una colaboración entre Galleria Continua y el CNAP, el nombre que han tomado ambos, este espacio y el proyecto dentro de él, es Arte Continua. Este nombre es importante por dos motivos: el primero es porque desliga del proyecto la idea de una galería comercial. El segundo, es porque este nombre ya existía, y es testimonio de una experiencia que se está continuando aquí en Cuba. Este es el nombre de la asociación cultural que los tres fundadores de Galleria Continua, Mario Cristiani, Maurizio Rigillo y yo, instituimos en paralelo a Galleria Continua hace casi 30 años, y a través de la cual intervenimos con el arte en los espacios públicos (por ejemplo, con el proyecto «Arte all'Arte»), e intentamos acercar el arte a la gente y a su cotidiano, incluso con eventos de beneficencia (por ejemplo, «ArtexVino=Acqua»). De hecho, en su sede cubana, Continua trabaja como un centro de exhibiciones y eventos.

De alguna forma, se podría hablar incluso de un centro cultural en la medida en que nuestros eventos no sólo tienen que ver con las artes plásticas. Hemos producido en Arte Continua charlas, presentaciones, cineclubs, talleres, perfomances, proyecciones y un festival, los que han tocado a disciplinas diferentes, como arquitectura, urbanismo, música,

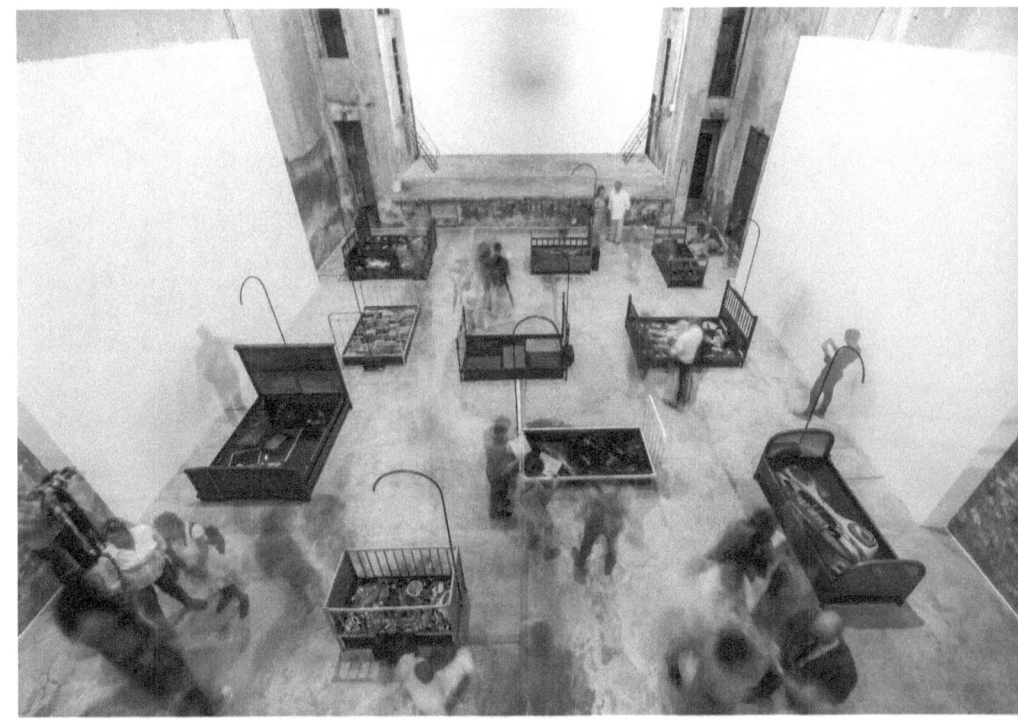

Vista de la exposición personal de Chen Zhen, *Solo show*, y del proyecto de Anish Kapoor «When I am Pregnant», 1992-2016. Foto: Nestor Kim. Cortesía de Galleria Continua.

danza, teatro, acciones para el medio ambiente, etcétera. Cada uno de estos eventos ha sido gratis y ha intentado involucrar en sí no sólo al mundo del arte habanero, sino también a la comunidad del Barrio Chino, sobre todo sus niños, y demás proyectos que dentro y fuera de Cuba se ocupan de transmitir valores a sus respectivas comunidades, tanto como a curadores, artistas y críticos de arte internacionales. Vale la pena añadir aquí el hecho de que Michelangelo Pistoletto ha fundado dentro de Arte Continua la «Embajada del Rebirth/Tercer Paraíso», bajo la cual se activan la mayor parte de los proyectos comunitarios por las manos de la curadora Laura Salas Redondo y del profesor y crítico de arte Erick González León.

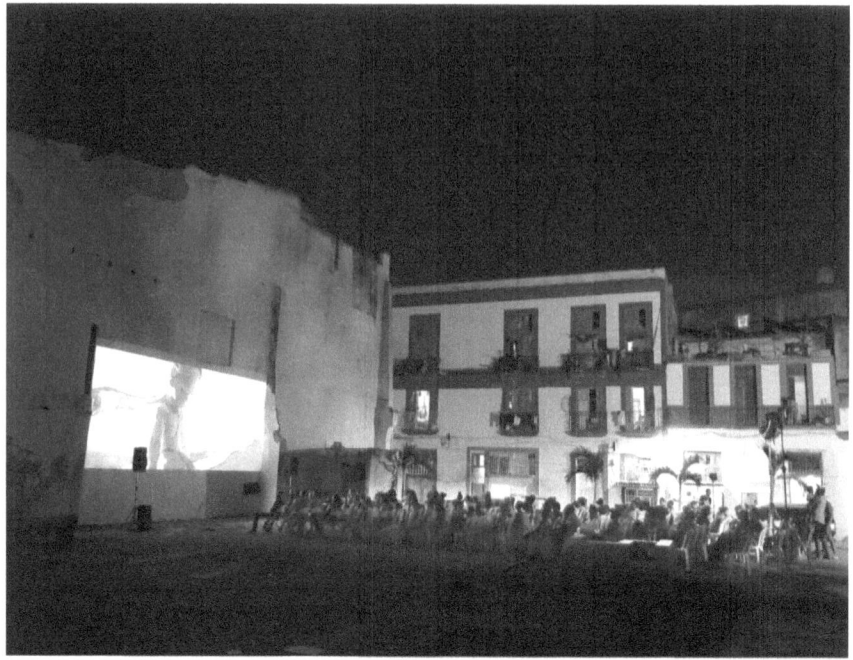

Proyección en el lote vacío contiguo a la galería el 23 de julio de 2017. Foto: Joel Hernández. Cortesía de Galleria Continua.

*¿Cómo se produjo la selección del espacio? ¿Al elegir el Águila de Oro para la instalación de la pieza de Daniel Buren que se exhibió durante la XII Bienal de La Habana, pensaron que sería la sede definitiva de Continua?*

Junto con Jorge Fernández (quien entonces era director de la Bienal de La Habana, hoy dirige el Museo Nacional de Bellas Artes) fui a buscar un antiguo cine porque en San Gimignano también Galleria Continua radica en un antiguo cine. Durante de la XII Bienal, en mayo de 2015, la instalación «Périmètre-Blanc» (1969-2015) de Daniel Buren fue la primera en tener lugar en el espacio que seleccioné durante mis recorridos con Jorge. La primera exposición de Arte Continua, *Anclados en el territorio*, se inauguró el 27 de noviembre de 2015.

*Las dos primeras muestras en la sede de la galería en La Habana –la inicial de Buren y* Anclados en el territorio*–, resumen las dos líneas de* *trabajo de Arte Continua: la promoción del arte en ambas direcciones, del arte internacional en Cuba y del arte cubano a nivel global. ¿Cómo se ha desarrollado esta misión inicial hasta el momento? ¿Se ha expandido en otras direcciones?*

A partir de la XII Bienal de La Habana, con la instalación «Périmètre-Blanc» de Daniel Buren en el Águila de Oro, sus dos proyectos «Promenade à La Havane» y «En voiture! Attention au départ!», la performance de Nikhil Chopra en la Plaza de Armas, la proyección multisensorial de Anish Kapoor en el cine Payret, el programa de videoarte en el cine Fausto, con audiovisuales de más de veinte artistas de Galleria Continua, la pieza de Shilpa Gupta en la Biblioteca «Rubén Martínez Villena», y la performance «Fósil» de José E. Yaque, hemos realizado en La Habana proyectos de artistas internacionales que casi siempre han estado presentes en sus inauguraciones.

Desde entonces, se han inaugurado exposiciones colectivas y personales, de artistas locales e internacionales, en instituciones como el Centro Wifredo Lam, el Museo de Bellas Artes, la UNAICC (Unión Nacional de los Arquitectos e Ingenieros de la Construcción de Cuba), y, por supuesto, Arte Continua. Y se han realizado exposiciones colectivas y personales de artistas cubanos en sus otras sedes (San Gimignano, Les Moulins y Beijing), y en otros espacios en donde Galleria Continua colabora con instituciones como Le Centquatre, la asociación lille3000 (ambos en Francia) y la Palazzina dei Bagni Misteriosi (en Milán), por citar algunas entre las tantas colaboraciones. Mientras las dos líneas de trabajo no han cambiado en sus premisas, podemos decir que se han expandido mucho, para abarcar colaboraciones inéditas con instituciones y artistas no directamente conectados con Galleria Continua.

*Con respecto a la promoción del arte cubano: ¿con cuántos artistas trabaja la galería actualmente? ¿Cómo se realizó su selección?*

Hablando de artistas cubanos hay que destacar primero nuestro trabajo con Carlos Garaicoa, que se extiende por casi veinte años. Gracias a esto, los fundadores de Galleria Continua veníamos conociendo a Cuba desde hace mucho tiempo. Además de Carlos, Galleria Continua

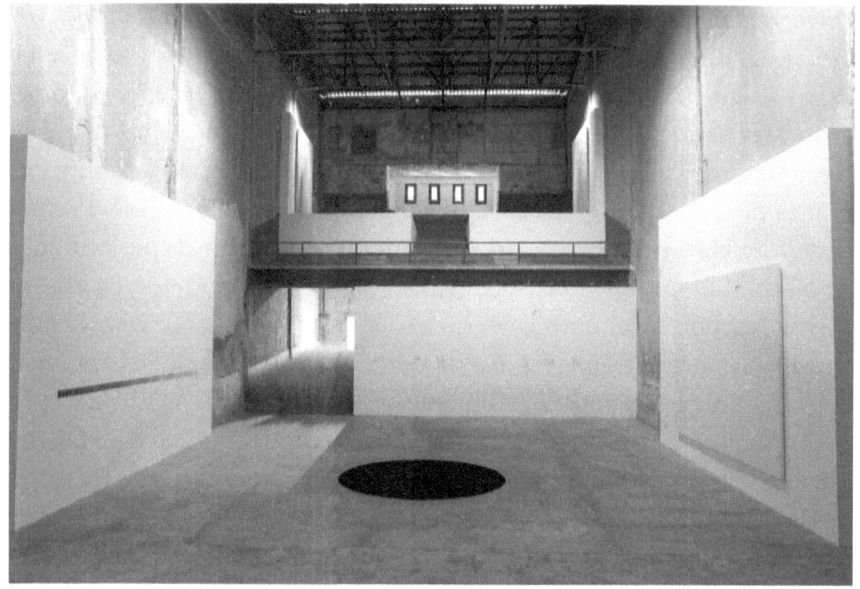

Vista de la exposición de Elizabet Cerviño, *Na*, en sinergia con las obras de Anish Kapoor, septiembre-noviembre de 2017. Foto: Michel Pou. Cortesía de Galleria Continua.

representa cinco artistas cubanos: Alejandro Campins, Elizabet Cerviño, Reynier Leyva Novo, Susana Pilar y José E. Yaque. Estos artistas han sido seleccionados tras numerosas visitas de estudio en La Habana. Sin embargo, colaboramos con otros artistas cubanos, emergentes y establecidos, dentro y fuera de la isla, siguiendo lógicas que tienen que ver con varios factores como, por ejemplo, el tema curatorial de una exposición. Entre ellos: Luis López-Chávez, Osvaldo González, Iván Capote, Yoan Capote, Leandro Feal, Wilfredo Prieto, Yornel Martínez, Celia-Yunior y José Manuel Mesías. Fue también gracias a nuestra mediación, por ejemplo, que una treintena de artistas cubanos han sido invitados a participar en *Ola Cuba*, una exposición que se inaugurará en abril de 2018 en la ciudad de Lille en Francia.

*¿Cuál es el enfoque de la galería con respecto al arte emergente?*

Galleria Continua ambiciona apoyar el desarrollo del arte emergente tanto en Cuba como fuera de Cuba. En su catálogo tiene a varios jóvenes creadores, no sólo cubanos.

En todo el mundo, nos complace viabilizar y facilitar el contacto entre los artistas y el público.

*¿Cómo es la interacción con las instituciones rectoras de las artes visuales y la cultura del país, como el Consejo Nacional de las Artes Plásticas y el Ministerio de Cultura (MINCULT)? ¿Arte Continua funciona de manera autónoma o consulta sus programas de exposición?*

Siendo el CNAP un órgano del MINCULT, y siendo el CNAP nuestra contraparte en el proyecto Arte Continua, existe una relación activa entre Galleria Continua, el CNAP y el MINCULT. En todo caso, se trata de una colaboración. Por ello, Arte Continua participa en cada reunión de programación de las instituciones del CNAP: para enterarse de las programaciones de las demás instituciones, no coincidir con ellas en sus inauguraciones, etc. En el CNAP hemos encontrado un buen diálogo con Rubén del Valle, Teresa Domínguez y Norma Rodríguez. Las relaciones con las demás instituciones cubanas con las que hemos colaborado hasta ahora han sido excelentes, sobre todo gracias a los directores y curadores de estas últimas: Jorge Fernández, Dannys Montes de Oca, Niurka Fanego, Nelson Ramírez, Mercedes Elesther, por citar algunos.

*¿Además del sistema institucional cubano, la colaboración de Arte Continua se extiende a otros espacios, como las nuevas formas de emprendimiento cultural, estudios o proyectos independientes?*

El trabajo conjunto con otras instituciones culturales cubanas siempre ha sido interesante y exitoso. Además de este trabajo, en colaboración con Michelangelo Pistoletto y su proyecto de la «Embajada Rebirth/Tercer Paraíso», Galleria Continua ha trabajado con varias instituciones, incluidas la Oficina del Historiador de la Ciudad y las Naciones Unidas en Cuba. Las Naciones Unidas, como algunas de las embajadas, sobre todo las que más se comprometen en compartir algo de sus países en Cuba, crean puentes de cultura e intercambio, que es uno de nuestros objetivos principales. Desearía destacar también nuestra estrecha relación de trabajo con la Embajada de Italia, con la que llevamos un trabajo excelente desde hace cuatro años sobre todo, pero no sólo en el marco de la Semana de la Cultura Italiana; la relación con la Embajada de Francia, teniendo realizados varios proyectos con ellos en el marco del Mes de la Cultura Francesa, y fuera de él, y aquella con el proyecto de residencias de artista de uno de nuestros creadores cubanos Carlos Garaicoa. Con Artista X Artista hemos colaborado para que los italianos Ornaghi & Prestinari, y Serse, hicieran una residencia bimestral en Cuba, y para que la cubana Elizabet Cerviño hiciera una residencia bimestral en la Real Academia de España en Roma.

*¿Arte Continua se ha concebido como una sede de trabajo a largo plazo? ¿Cómo se proyecta su labor para el futuro?*

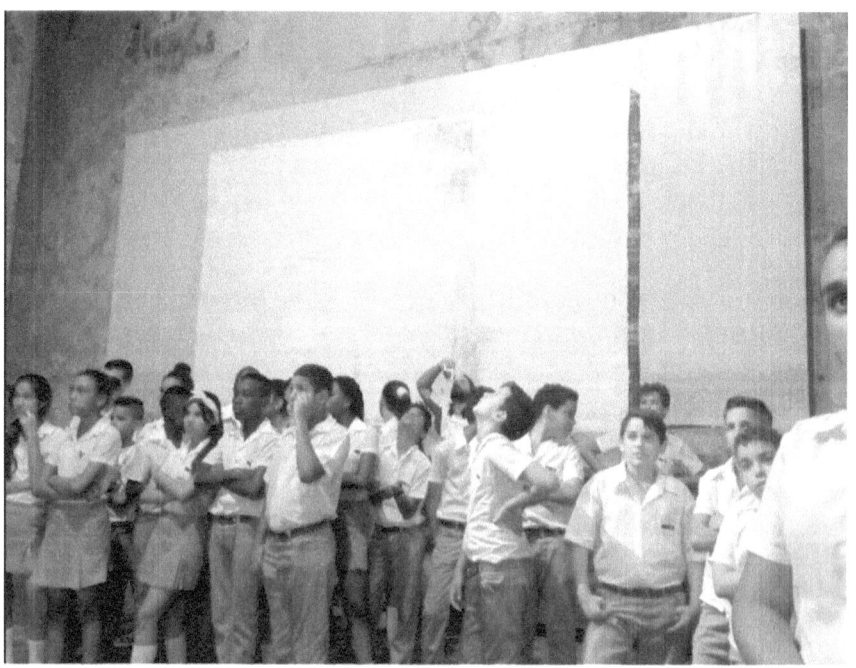

Taller «Cre-Arte en Continua». Foto: Yadira de Armas. Cortesía de Galleria Continua.

Arte Continua es un proyecto que, como denota su nombre, «continúa…».

En el futuro deseamos seguir realizando proyectos dentro y fuera de nuestro espacio. Cada vez que ha venido un artista a trabajar en Cuba, Michelangelo Pistoletto, Anish Kapoor, Jannis Kounellis, Pascale Marthine Tayou y Daniel Buren, entre otros, han utilizado recursos (técnicos, humanos e intelectuales) locales y han quedado fascinados con este país y sus especificidades. Al ser así, nos enorgullece tener un proyecto que llama la atención y nos confiere la admiración de personas de todos los países, y que infunde en nuestros artistas tanto entusiasmo y dedicación. El objetivo principal de esta galería en el mundo es que el arte, como el viento, no tenga confines. Si este fuera un simple *statement*, o una línea de trabajo, pues Arte Continua no existiría. El tipo de trabajo que caracteriza a Galleria Continua dentro y fuera de Cuba es participativo, inclusivo, solidario, fuera de lo ordinario y se pudiera decir hasta visionario, por amor al arte y para superar las fronteras. Estos son todos valores que hemos encontrado, apreciado y compartido en Cuba. Podríamos utilizar esta conclusión para responder una vez más a la primera pregunta de esta entrevista, «¿Cómo llega Galleria Continua a instalar una sede en La Habana?»

# Arte Continua Habana. Exposiciones 2015-2017

2017

*Las ciudades invisibles*, exposición colectiva. Participantes: Kader Attia, Abel Barroso, Francisco Bedoya, Alejandro Campins, Iván Capote, Yoan Capote, Marcelo Cidade, Carlos Garaicoa, Zhanna Kadyrova, Reynier Leyva Novo, Michelangelo Pistoletto. Unión Nacional de Arquitectos e Ingenieros de la Construcción de Cuba, UNAICC, La Habana, 2 de diciembre de 2017-27 de enero de 2018.

*Solo show*, exposición personal de Chen Zhen. Galleria Continua, La Habana, 1ro de diciembre de 2017-25 de marzo de 2018.

*Aquí todo está abierto. Nada es cercano, nada es lejano*, exposición personal de Serse. Museo Nacional de Bellas Artes, La Habana, 30 de noviembre de 2017-25 de marzo de 2018.

*Cuba mi amor*, exposición colectiva. Participantes: Alejandro Campins, Iván Capote, Yoan Capote, Elizabet Cerviño, Leandro Feal, Carlos Garaicoa, Celia-Yunior, Osvaldo González, Yonel Hidalgo, Luis López-Chávez, Yornel Martínez, José Mesías, Reynier Leyva Novo, Susana Pilar Delahante Matienzo, Wilfredo Prieto, José E. Yaque. Galleria Continua, Les Moulins, 15 de octubre de 2017-22 de abril de 2018.

*Bestiary*, exposición personal de Carlos Garaicoa. Galleria Continua, Beijing, 23 de septiembre de 2017-4 de diciembre de 2017.

*Declaración pública,* exposición personal de Alejandro Campins. Galleria Continua, San Gimignano, 13 de mayo de 2017-5 de septiembre de 2017.

*Na* (III parte del ciclo de exposiciones *Es la obra que me interesa* en sinergia con las dos obras escultóricas concebidas en 2016 por el

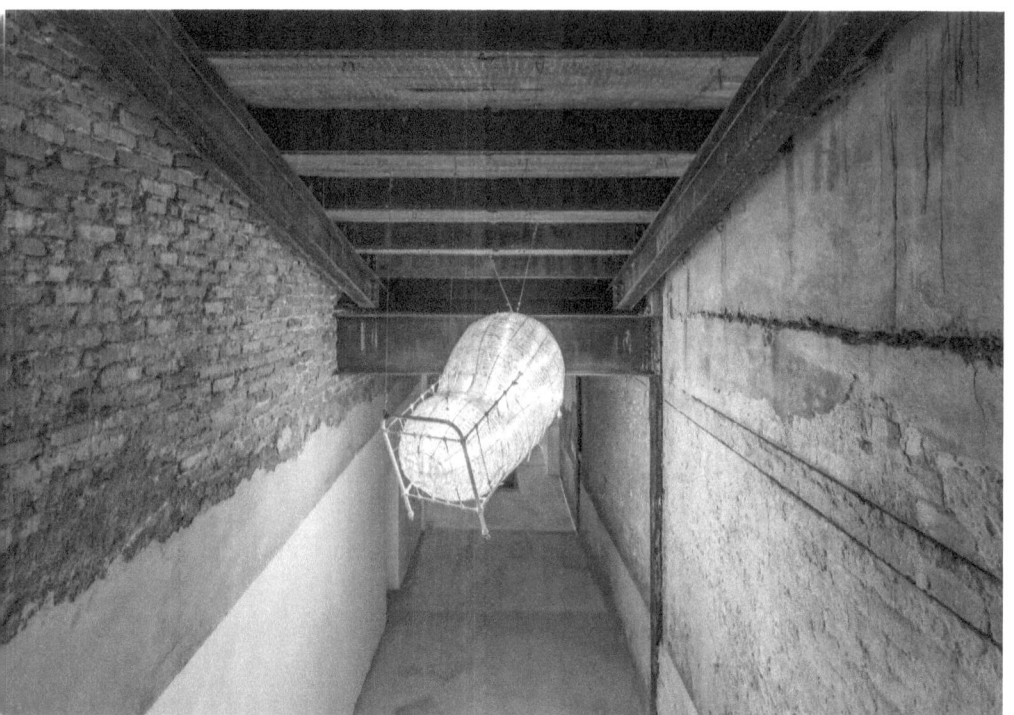

Vista de la exposición personal de Chen Zhen, *Solo show*, diciembre de 2017-marzo de 2018. «Lumière Innocente», 2000. Foto: Nestor Kim. Cortesía de Galleria Continua.

artista indio-británico Anish Kapoor durante su estancia en Cuba). Participante: Elizabet Cerviño. Galleria Continua, La Habana, 16 de septiembre de 2017-10 de noviembre de 2017.

*Dibujo Intercontinental* (II parte del ciclo de exposiciones *Es la obra que me interesa* en sinergia con las obras de Anish Kapoor). Participante: Susana Pilar Delahante Matienzo. Galleria Continua, La Habana, 19 de agosto 2017-15 de septiembre de 2017.

*Origin* (I parte del ciclo de exposiciones *Es la obra que me interesa* en sinergia con las obras de Anish Kapoor). Participante: José E. Yaque. Galleria Continua, La Habana, 22 de julio de 2017-18 de agosto de 2017.

*¿Soy Cuba? – 8 Cuban contemporary artists*, exposición colectiva. Participantes: Alejandro Campins, Elizabet Cerviño, Susana Pilar Dela-

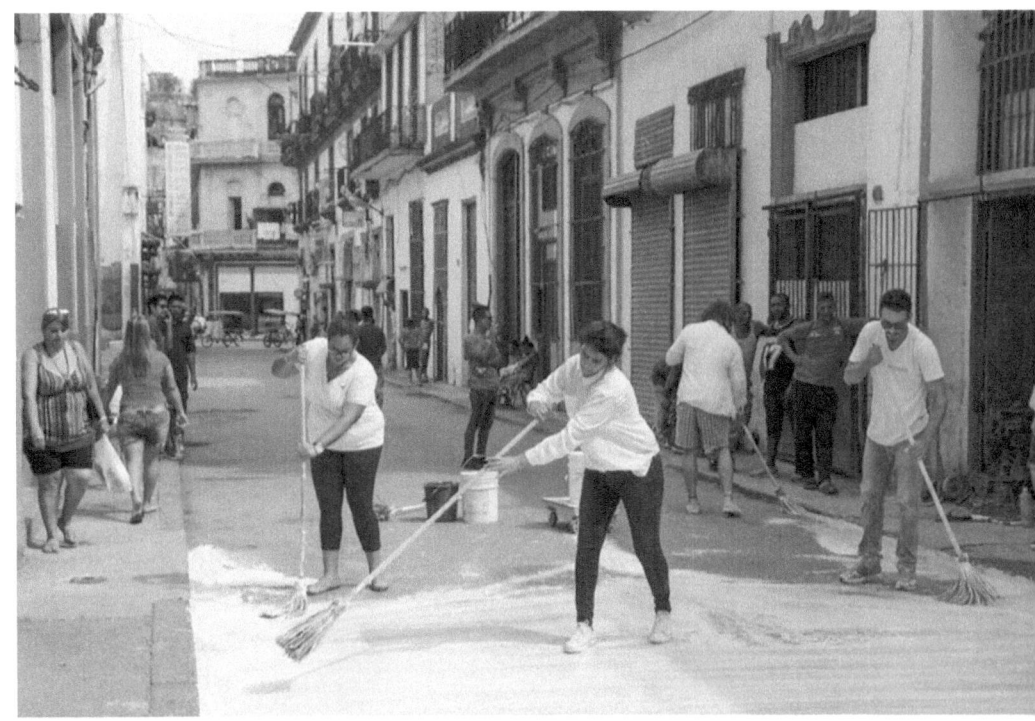

*Blanqueamiento*, intervención de Elizabet Cerviño, septiembre de 2017. Foto: Michel Pou. Cortesía de Galleria Continua.

hante Matienzo, Leandro Feal, Osvaldo González, Luis Enrique López-Chávez, Reynier Leyva Novo y José E. Yaque, con proyectos especiales de los artistas Carlos Garaicoa y Pascale Marthine Tayou y performances de Elizabet Cerviño, Luis Enrique López-Chávez y Reynier Leyva Novo. Palazzina dei Bagni Misteriosi, Teatro Franco Parenti, Milán, 13 de octubre de 2017-19 de noviembre de 2017.

2016

*Solo show*, exposición personal de Michelangelo Pistoletto. Museo Nacional de Bellas Artes, La Habana, 25 de noviembre de 2016-13 de marzo de 2017.

*Solo show*, exposición personal de Jannis Kounellis. Centro de Arte Contemporáneo Wifredo Lam, La Habana, 24 de noviembre de 2016-28 de enero de 2017.

*Nido sin árbol*, exposición colectiva. Participantes: Francisco Bedoya, Alejandro Campins, Celia-Yunior, Elizabet Cerviño, Susana Pilar Delahante Matienzo, Leandro Feal, Carlos Garaicoa, Osvaldo González Aguiar, Luis Enrique López-Chávez, Yornel Martínez, José Manuel Mesías, Reynier Leyva Novo, José E. Yaque. Unión Nacional de Arquitectos e Ingenieros de la Construcción de Cuba, UNAICC, La Habana, 23 de noviembre de 2016-7 de enero de 2017.

*Testigos / Las raíces del mundo*, exposición personal de Carlos Garaicoa. Galleria Continua, San Gimignano, 14 de mayo de 2016-4 de septiembre de 2016.

*El peso de la muerte,* exposición personal de Reynier Leyva Novo. Galleria Continua, San Gimignano, 13 de febrero de 2016-30 de abril de 2016.

### 2015

*Follia Continua! 25 años de Galleria Continua.* Participantes: Ai Weiwei, Kader Attia, Daniel Buren, Chen Zhen, Leandro Erlich, Carlos Garaicoa, Subodh Gupta, Ilya & Emilia Kabakov, Anish Kapoor, Jannis Kounellis, Moataz Nasr, Michelangelo Pistoletto, Pascale Marthine Tayou, Nari Ward y Sislej Xhafa. Centro de Arte Contemporáneo Wifredo Lam, La Habana, 28 de noviembre de 2015-29 de enero de 2016.

*Anclados en el territorio* se inauguró el 27 de noviembre de 2015. En *Anclados en el territorio* seis artistas cubanos, Alejandro Campins, Elizabet Cerviño, Carlos Garaicoa, Susana Pilar Delahante Matienzo, Reynier Leyva Novo y José E. Yaque, tomaron los alrededores del Águila de oro. Estos artistas investigaron e intervinieron en la historia y la arquitectura del cine, del Barrio chino de La Habana y de Cuba» (*Arte Continua Habana*, web).

Arte Continua Habana. Exposiciones 2015-2017    99

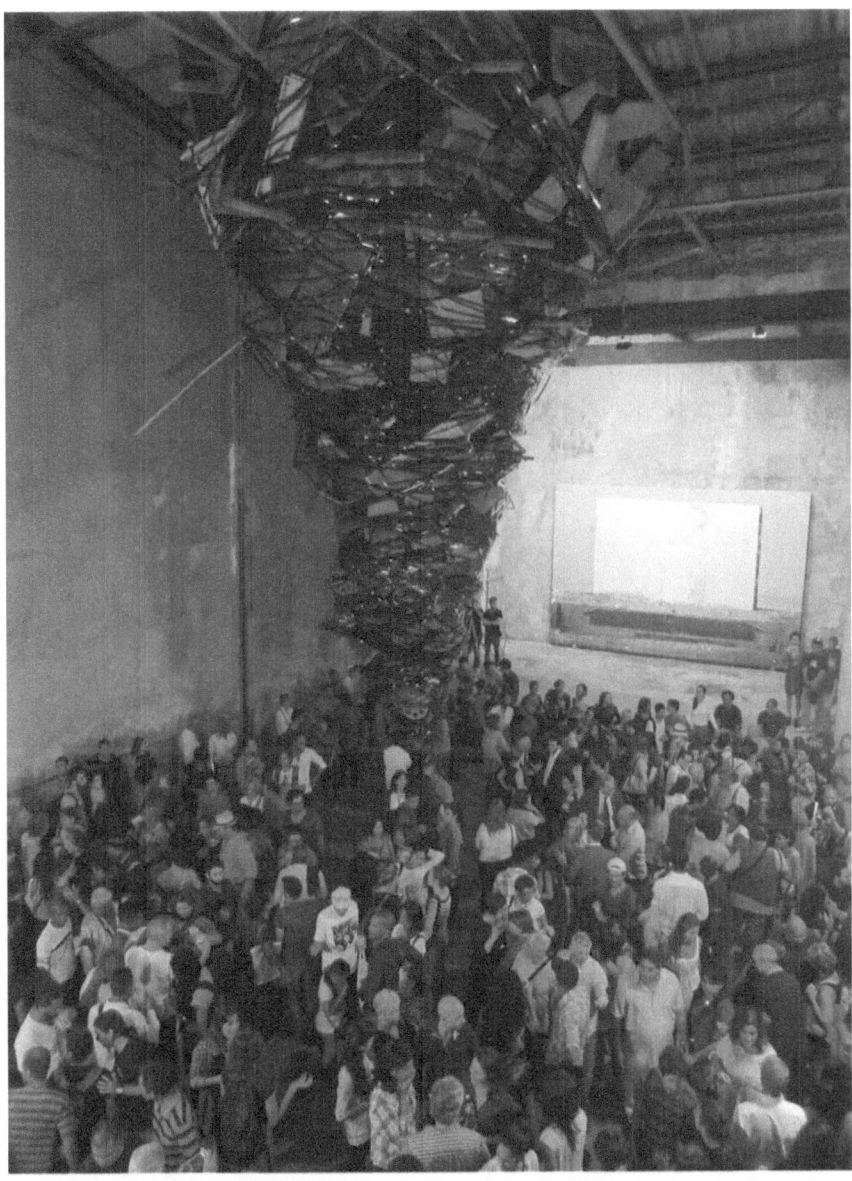

Inauguración del espacio Arte Continua y de la exposición colectiva *Anclados en el territorio*. Foto: Lorenzo Fiaschi. Cortesía de Galleria Continua.

El Apartamento

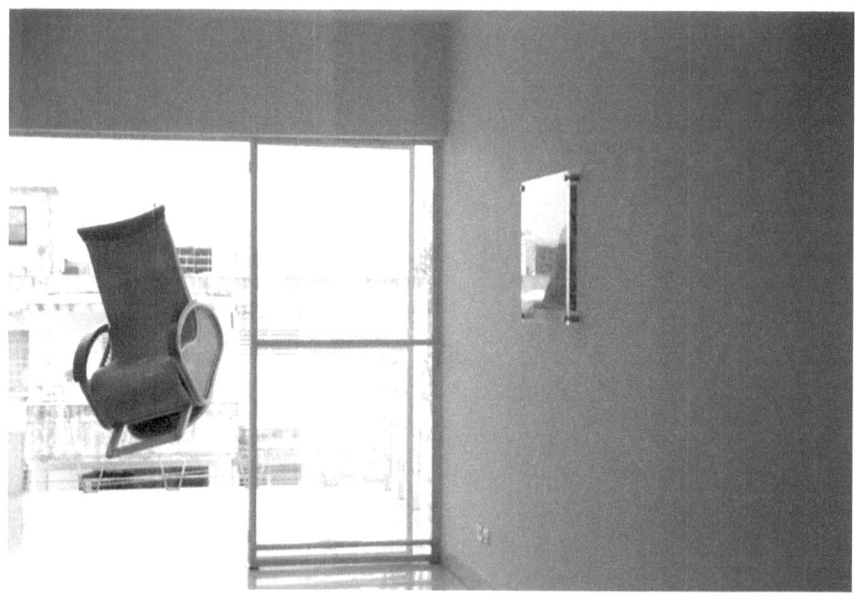

Vista de la exposición personal de Eduardo Ponjuán, *Sputnik*, abril-agosto de 2017. Cortesía de El Apartamento.

# Christian Gundín: Salir al mundo

*La Bienal de La Habana fue el entorno de ensayo del circuito alternativo del arte cubano. La trama de* open studios *activada de manera espontánea para el evento habanero, ha conseguido estabilizarse en un algoritmo doméstico a tiempo completo. De esa profesionalización de la gestión colateral, desarrollada ya no por artistas sino por coleccionistas locales de arte contemporáneo, se deriva El Apartamento. Este espacio independiente ha comenzado a insertarse en ferias globales de arte y se ha convertido en referencia de la producción emergente de la isla para especialistas, galerías y museos internacionales.*

*¿Cómo surge El Apartamento?*

Nosotros empezamos durante la Bienal de 2015. Dago [Dagoberto Rodríguez] tenía un apartamento en Malecón y se lo pedí para hacer un proyecto. Venía esa Bienal, justo se reanudaban las relaciones diplomáticas entre Cuba y los Estados Unidos, y había mucha expectativa. Era un proyecto que siempre había querido hacer, porque yo coleccionaba arte desde 2009.

*¿El proyecto está relacionado con tu labor de coleccionista?*

Sí, viene definitivamente por la pasión que desarrollé con el coleccionismo, con mi obsesión en aquel momento por tener una colección de arte.

*¿Cómo fue que empezaste a coleccionar?*

Mi tío era diseñador y diseñaba catálogos para artistas como Rocío [García], [Luis Enrique] Camejo, Kcho... Yo pasaba mucho tiempo con él porque vivíamos muy cerca y así me fue interesando. Me era difícil creer que un cuadro pudiera costar 3 000 o 5 000 dólares. Cuando aquello yo tenía un negocio de piezas de computadora y todo lo que tenía que ver con electrónica, y realmente me iba muy bien. Empecé a hacer ahorros y decidí comprarme mis cosas. Y con el tema de cómo invertir el dinero, me empezó a gustar realmente y a llamar la atención el coleccionismo. Yo era amigo de Raúl Cordero, nos conocíamos desde que yo era un muchacho, de todo el mundo de la música, íbamos a los lugares, compartíamos. Conocía también a Los Carpinteros, a Carlos [Garaicoa]. De pronto empecé a relacionarme con todos ellos y me decían por dónde iba la cosa. Desarrollé un gusto por un tipo de arte, y así, visceralmente, me fui enfocando en las cosas que me gustaban, y fui trabajando con todos ellos. Así estuve desde 2009 hasta 2015. Apoyé a muchos artistas jóvenes que querían producir una obra. Yo los ayudaba y ellos después me daban algo, a otros les pagaba la obra a plazos, otros me la cambiaban y pude hacerme de una colección que todavía conservo.

*¿Cuántas piezas la forman?*
Alrededor de unas cuarenta o más piezas.

*¿Dónde la conservas?*
En mi casa.

*¿Qué formatos predominan en la colección?*
Todos. Pintura, dibujo, fotografía, objetos. Tengo, por ejemplo, fotos de Garaicoa, dibujos de Los Carpinteros, piezas de Yoan Capote, Iván Capote, Juan Carlos Alom. Tengo también un Ponjuán, un René Francisco, un Pollo, Yaque, Campins, Pupi [René Peña], Sandra Ramos, por mencionar algunos.

*¿Conoces a otros coleccionistas?*
La gente que conozco que tienen una colección, realmente son *dealers*.

*¿Como José Busto?*
En él precisamente estaba pensando. Busto lleva mucho tiempo comercializando arte. Empezó con antigüedades, y luego con arte de vanguardia antes de meterse de lleno en el arte contemporáneo. Tuvo obras de [Mario] Carreño, Servando [Cabrera], [Esteban] Chartrand. En una de las ediciones de Subasta Habana presentó tres o cuatro piezas que

se vendieron muy bien. Tuvo mucha suerte también vendiendo antigüedades, jarrones, pianos… Ha ayudado a muchos jóvenes con producciones.

*¿Y del coleccionismo llegas a El Apartamento?*

Decidí que quería abrir un proyecto, muy casual. Lo que pasa es que después se convirtió en mi proyecto de vida.

*¿Pensaste que sería solo para la Bienal?*

Pensé que iba a ser algo para la Bienal, aunque tenía intensiones de que fuera más duradero. Pero realmente no sabía si iba a poder vivir de eso porque vender arte es complicado, y más en un mercado como este. Aquí no existe un mercado local, dependes de quién viene, si ves al que viene, si te lo llevan. Era empezar de cero y ver cómo la gente conocía el espacio.

Entonces abrimos. El primer día se llenó, a la gente le encantó. Ese fue un proyecto que concebí con Liatna [Rodríguez]. Cuando se me ocurrió la idea la llamé, apareció el apartamento y entonces hicimos la selección de artistas. Pasamos por los estudios y empezamos a decidir obras hasta que culminamos en la exposición que inauguramos justo dos días antes de que empezara la Bienal. Ya estaba todo el mundo aquí y el espacio se llenó.

Me acuerdo que al otro día me desperté por la mañana y me dije: «¿Y ahora qué?. Tengo un apartamento, una renta que pagar, unos cuadros colgados…» Y justo en ese momento me llamaron. Estaba Holly Block aquí, del Museo del Bronx, que quería pasar con varias personas que había traído para la Bienal. Llamé a Lida [Sigas] y a Liatna para que fueran para El Apartamento. Imagínate, la gente había dejado todos los pies marcados en la pared, empezamos a limpiar con unas esponjas. Llegó el grupo y se vendieron las tres primeras piezas. Y entonces pensé: «ahora lo que lleva esto es mucha promoción». Por suerte estaba bien conectado, por lo menos con la gente de aquí. Fue un trabajo de mucha promoción. Viajé muchísimo y en todos los lugares entregaba mi tarjeta. Me fueron presentado gente, y la gente empezó a visitar la página web y a escribirme. Enseguida me invitaron a una feria en Barcelona [Swab Barcelona 2015] sin pagar el stand. Conocía a Sean Kelly de Nueva York, vino, le encantaron las piezas, me compró durante la Bienal también, y empezamos una relación de trabajo. Le hicimos una exposición a Diana [Fonseca].

*¿La exposición de Diana Fonseca en Sean Kelly Gallery a inicios de 2016 se concibió a través de El Apartamento?*

La de Diana y la de [Alejandro] Campins, ambas. Todo eso salió por la galería, lo que pasa es que Campins trabaja con Cristina [Vives], pero todo salió por aquí. Con Diana, por supuesto, porque Diana es una de las artistas que nosotros representamos oficialmente. Esa relación con Sean Kelly ha sido un apoyo increíble.

Luego hicimos la Feria de Colombia [ARTBO 2016], Arco Madrid [ARCO 2017], The Armory Show en Nueva York, hicimos PARC [2017] en Perú, vamos a hacer Untitled [Art Fair] en diciembre, posiblemente repita Colombia en octubre, y volvamos a hacer Arco, Armory… Estamos viendo si podemos hacer LISTE [Art Fair] Basel en 2018.

Ha habido un buen flujo y nos ha ido bien. Hemos tenido cosas importantes como la relación con el Pérez Art Museum [Miami, PAMM], que ha sido un lugar que también nos ha apoyado muchísimo. Ahora mismo se están exhibiendo allí obras que se compraron aquí. En septiembre se inaugura una exposición donde se van a exhibir otras obras que también se compraron en la galería.

En el ínterim hemos tratado de ir sacando el espacio más adelante, de arreglarlo de manera que pueda estar en condiciones óptimas de trabajo.

*¿Cómo ha sido la selección de los artistas con los que trabajan?*

Los artistas son prácticamente los mismos a los que yo les había comprado obras, menos algunos como, por ejemplo, Levi [Horta] o Adrián Melis, que me gustaba mucho su trabajo pero no nos conocíamos. Liatna también me sugirió la obra de otros artistas a los que no conocía. Más o menos fue así como funcionó. Juan Carlos Alom a mí siempre me gustó, [Eduardo] Ponjuán, Ezequiel [Suárez], todos excelentes artistas que nunca habían tenido una representación buena, y con los que han pasado cosas buenísimas. He tenido ventas con todos, hemos hecho exposiciones con ellos, la gente los ha felicitado, porque son artistas que se mueven en un ámbito alternativo, *underground*. No son de los que están pensando en el mercado, ni tienen un estudio bonito para exhibir su obra. Son gente que de verdad trabaja porque trabaja. Y con esto no estoy queriendo decir que los artistas que tienen sus estudios así están mal, sino que en este caso se trata de personas muy auténticas. Para mí es un placer trabajar con ellos y que ellos estén contentos y aprecien el trabajo que estamos haciendo. Eso es reconfortante, sobre todo para mí, que no estudié Historia del Arte. Yo soy visceral. Me gradué de Licenciatura en Lengua Inglesa y Francés en la Universidad de La Habana, hice mi servicio social y ya. Me dediqué toda la vida a hacer negocios, pero nunca ejercí porque no me funcionaba ninguna otra cosa. Siempre he sido una persona que todo lo he hecho por mí mismo.

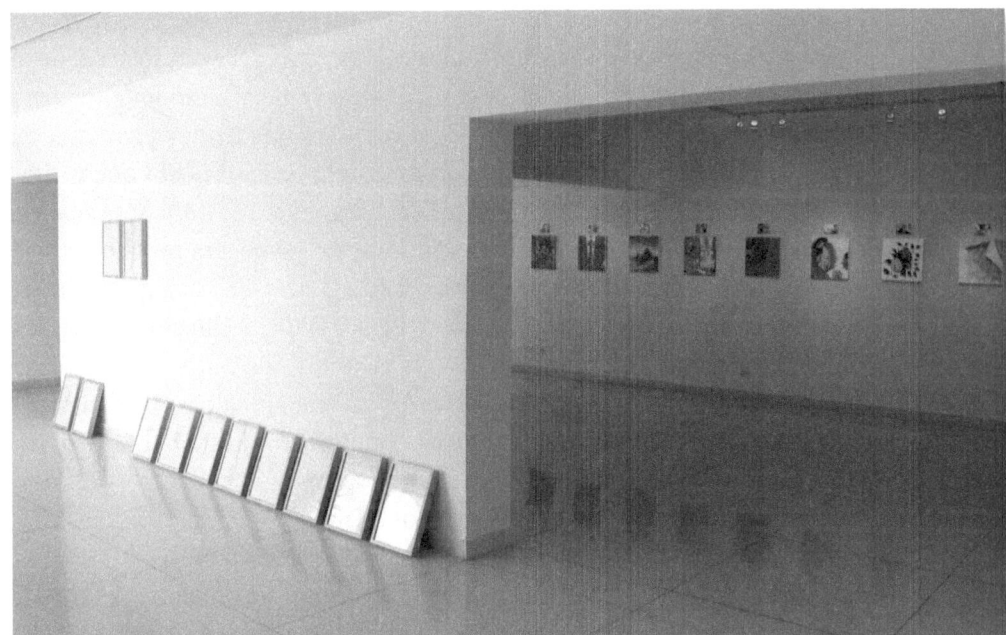

Vista de la exposición personal *Levi Orta: pintor de cámara, copista y amigo de los poderosos*, abril-junio de 2018. Cortesía de El Apartamento.

*Creo que el hecho de que artistas como Alom, Suárez y Ponjuán, se encuentren en la nómina de la galería es un síntoma del tipo de trabajo que están desarrollando. Porque como dices, son artistas que han optado por dedicarse plenamente a su producción y no están acostumbrados a tratar de manera directa con el mercado. Que este tipo de artista esté complacido con el resultado de la gestión de su obra es un reflejo de la seriedad con que el espacio afronta la promoción y que empieza, según lo veo, con la organización de las exposiciones.*

Como habrás visto hace poco hicimos una exposición de Joan Fontcuberta. Él se fue contentísimo porque todo lo hicimos de manera muy profesional. La inauguración estuvo repleta de personas. Fue una exposición de sus obras junto con las de Leandro Feal, y todo quedó bien. Me dijo que había tenido una bonita experiencia.

*¿El equipo de trabajo de la galería es quien organiza y concibe las exposiciones o son los artistas los que vienen con un proyecto de exhibición?*

No exactamente. Esta exposición de Fontcuberta la curó Iván de la Nuez. Por lo general, cuando el artista viene ya tiene claro lo que quiere hacer, pero realmente han sido pocas las veces que hemos contado con proyectos curatoriales como este. Por ejemplo, la exposición que vamos a hacer próximamente en Gorría se la encargamos a Sandra Sosa porque nosotros tenemos mucho trabajo aquí. El espacio genera mucho trabajo de oficina. Aquí la conexión a Internet es mala, y tenemos que mandar imágenes, correos, información, más el trabajo de producción: las visitas a los estudios de los artistas para recoger obras, los viajes al aeropuerto para hacer envíos, enguacalar piezas. Es un trabajo que en verdad toma mucho tiempo. Liatna, que trabajaba con nosotros hasta hace poco, era una persona más curatorial. Lida, aunque se graduó de Historia del Arte, es más operativa. Tenemos una muchacha nueva, que también da clases en Historia del Arte. Lleva todavía muy poco tiempo pero me imagino que más adelante le pediré que cure alguna exposición.

Nosotros hacemos exposiciones cada dos o tres meses. A partir del año que viene vamos a hacerlas cada dos meses porque hay mucha gente

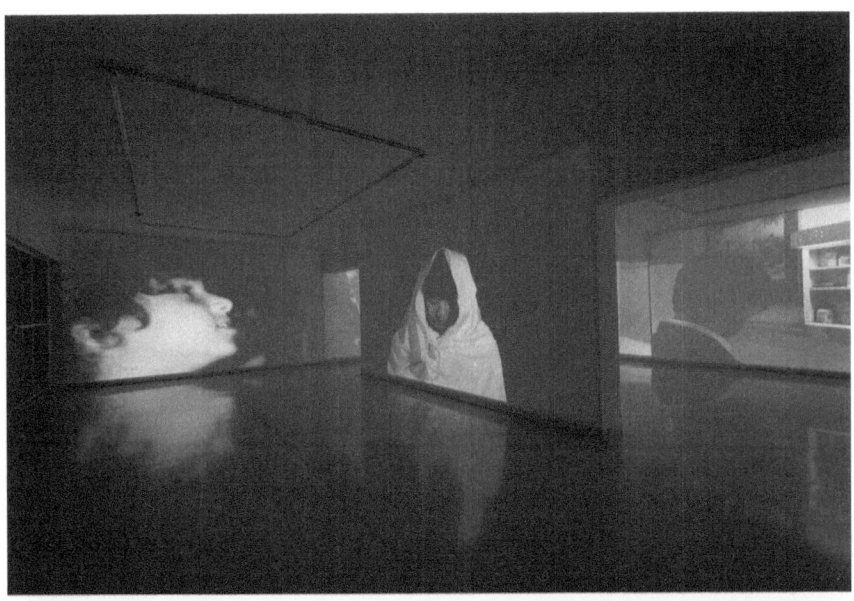

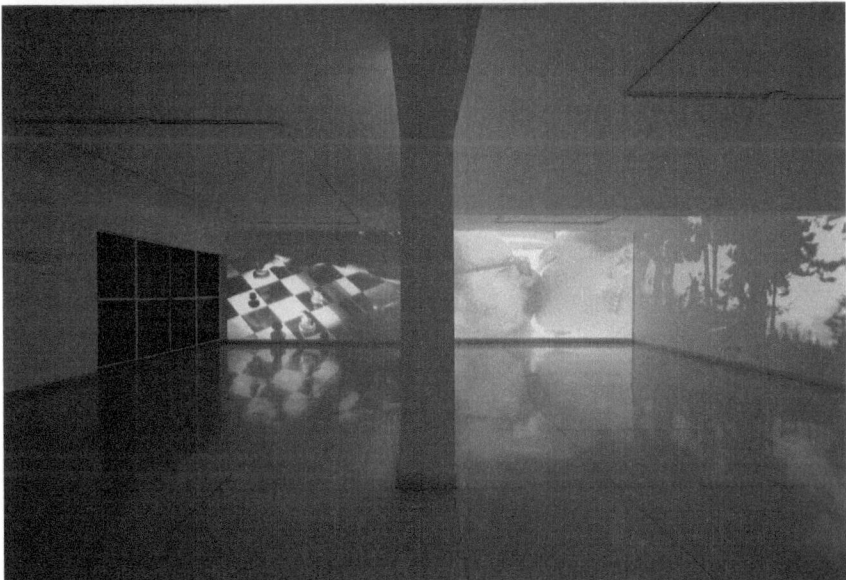

Vistas de la exposición colectiva *16 mm / Fotografía en movimiento*, febrero-abril de 2018.

que quiere hacer exposiciones. Este año las organizamos cada tres meses porque cuesta mucho dinero y tiempo, y a mí me gusta que las muestras sean visibles. Hay gente que hace una exposición de un mes para otro porque tiene que hacerla, porque tiene un programa que cumplir. Yo prefiero que una exposición esté, mínimo, dos meses para que la gente tenga tiempo de verla. Así tienen dos meses para planificarse y llegar al lugar.

Ya nosotros tenemos el programa del año que viene completo. Ahora queremos hacer una nueva convocatoria para que una vez en el año los curadores nos presenten proyectos, seleccionar uno y hacerlo.

*La colaboración con la Galería Taller Gorría que antes mencionabas, ¿en qué consiste, cómo se produce esa interacción entre los espacios?*

Además de que aquí tendremos una exposición en ese momento, tiene que ver mucho con la cobertura. Es una exposición que está planificada para una fecha importante, finales de noviembre, diciembre y enero, meses del pre Basel Miami, del Festival de Cine de La Habana y Gorría es también un espacio que funciona muy bien.

*Con esta nueva fase de trabajo que es El Apartamento, ¿abandonaste el coleccionismo?*

El coleccionismo, no. Hace poco me decidí a comprarle una foto a Leandro. Lo voy retomando poco a poco, porque realmente se me hizo muy difícil mantenerlo cuando empezamos. El espacio donde estamos ahora hubo que comprarlo, no es rentado. El primero sí era rentado, pero en un momento determinado me tuve que ir y pensé, quizás busco otro lugar para rentar, lo arreglo y vuelve a pasar lo mismo. Tenía obras que había comprado y se habían valorizado mucho y las vendí. Me dio para llegar a tener esto. La gente me decía: «Ese apartamento es un *penthouse* con elevador privado, tiene ocho habitaciones, cómo vas a demoler todo eso en lugar de rentarlo, eso es una locura». Y de verdad era una locura, pero era lo que me gustaba, y hasta ahora está funcionando. La gente te estimula mucho, sobre todo cuando estás en una feria como la de Nueva York donde empiezas a notar el interés de verdad. ¿Cuántos espacios cubanos había allí? Ninguno. Este era el espacio. Y eso te eleva la autoestima y te hace pensar que está pasado algo bueno.

*Desde dentro, ¿cómo es la situación legal de El Apartamento?*

Nosotros funcionamos como representantes de artistas. Somos contribuyentes a la ONAT pero bajo el concepto de trabajadores asalariados. Hicimos poderes notariales que nos avalan como gestores de la obra de esos creadores y que nos da derecho a venderla y a representarla. Pero funcionamos como trabajadores asalariados y pagamos un impuesto en base al salario. Es lo más legal que podemos hacer dentro de este marco gris.

De momento tenemos un programa donde vienen todos: Jorge Fernández, actual director del Museo Nacional de Bellas Artes, los curadores del Centro de Desarrollo de las Artes Visuales. Todo el mundo viene. Lo que está pasando es arte y la gente viene a ver exposiciones.

*¿Hay otros espacios actualmente como este?*

Hay uno en 23 y 12, al lado de la Galería Servando, que fue uno de los primeros que abrió. Está el de Sandra [Contreras] que se llama Seis Seis Estudio en la Habana Vieja. Hay otro por 8 y Calzada, donde hacen cosas similares. Cada día es más la gente que está intentando crear espacios así, y es lo mejor.

*La multiplicación de los espacios privados ha incidido en la colaboración entre ellos, como el caso de la exposición que antes comentabas que están preparando en Gorría. ¿Existe también la colaboración con las instituciones estatales?*

De pronto parecía que sí. Hace poco vino la curadora del Centro de Desarrollo y nos dijo que quería invitarnos al Salón [Nacional de Arte Contemporáneo]. La idea era incluir como parte del programa lo que estuviera pasando aquí en ese momento. También habían incluido en el Salón el proyecto de Cristina. Ella quería hacer un evento relacionado con las mutaciones, hacerle una exposición a Alom, mientras yo tenía la de Alejandro González, que es uno de los artistas que trabaja con su estudio. Pero finalmente lo del Salón no se dio. Las cosas son lo que son.

*En cuanto a la contabilidad y la administración, ¿son ustedes tres también los que están a cargo de ellas?*

Totalmente. Ahora en Alemania hay una exposición en el Ludwig Forum donde están Leandro, Orestes [Hernández], Juan Carlos Alom, Diana Fonseca, varios de nuestros artistas, y para allá me voy. Estoy con ellos y veo qué pasa. Todo es promoción. Uno nunca sabe por dónde viene nada. Así estoy haciendo desde el primer día. Me he movido por los circuitos que menos te imaginas y al final todo eso ha dado resultado.

*Y hasta ahora, ¿cómo se ha comportado la rentabilidad del espacio?*

Ha funcionado, y eso que todavía estamos en un proceso de gastos de construcción, y hemos tenido un par de ferias que han sido muy irregulares, que han estado mal. Pero ha habido un flujo importante, relaciones comerciales con museos y galerías que han producido buenos resultados.

*En cuanto a los contextos y las formas de promoción, ¿cómo se ha comportado la promoción interna con respecto a la de las ferias internacionales en las que han participado hasta el momento?*

Aquí definitivamente pasan muchas cosas todavía. Pero la feria de Nueva York, por ejemplo, fue bestial. ARCO, también fue buena. Esa semana no se había terminado una feria y ya estaba a punto de empezar la otra. El domingo, que era el último día de ARCO me tuve que mover a Nueva York, dejar a Lida desmontando en Madrid y empezar a montar el lunes en el Armory. Y fueron dos ferias espectaculares, sobre todo la de Nueva York, porque se vendió todo. Sean Kelly me pidió también que le diera varias piezas de las que llevaba para ponerlas en su stand. La verdad, terminé muy contento.

*¿Cómo realizan la selección de artistas para cada una de las ferias en las que participan?*

Trato siempre de llevar algo que sea fuerte en cuanto a visualidad, que funcione. Por ejemplo, en Nueva York presenté a Diana Fonseca porque ya había tenido la exposición en Sean Kelly, y era la primera vez que participábamos en esa feria. Esa es una feria muy competitiva y difícil. Conocí gente en Colombia que llevan ocho años en lista de espera y no han podido presentar nunca, y nosotros, la primera vez que aplicamos, logramos entrar, con sólo dos años de creada la galería.

La selección depende también del tipo de feria. Ahora estuve en PARC, en Perú, y llevé a artistas que no habían tenido una representación internacional, como Léster [Álvarez]. En esa feria nos fue mal, pero siempre trato de llevar a otros artistas e irlos alternando. Ahora vamos a ARCO con *El chinito* [Luis Enrique López-Chávez], y Lester. The Armory Show lo haré con Novo, quiero hacer un *solo project* con él. Ahora en diciembre me llevo a Diana, a Novo y a Ponjuán a *Untitled*, una feria muy cara. Trato siempre de darles oportunidad a todos pero hay ocasiones en las que no puedo ponerme a probar o arriesgarme. En una feria que cuesta 20 000 dólares el stand tienes que vender 40 000 dólares para sacar nada más el costo de inscripción. Tienes que conseguir que te vaya bien porque además compartes el espacio con ciento veinte galerías que son más

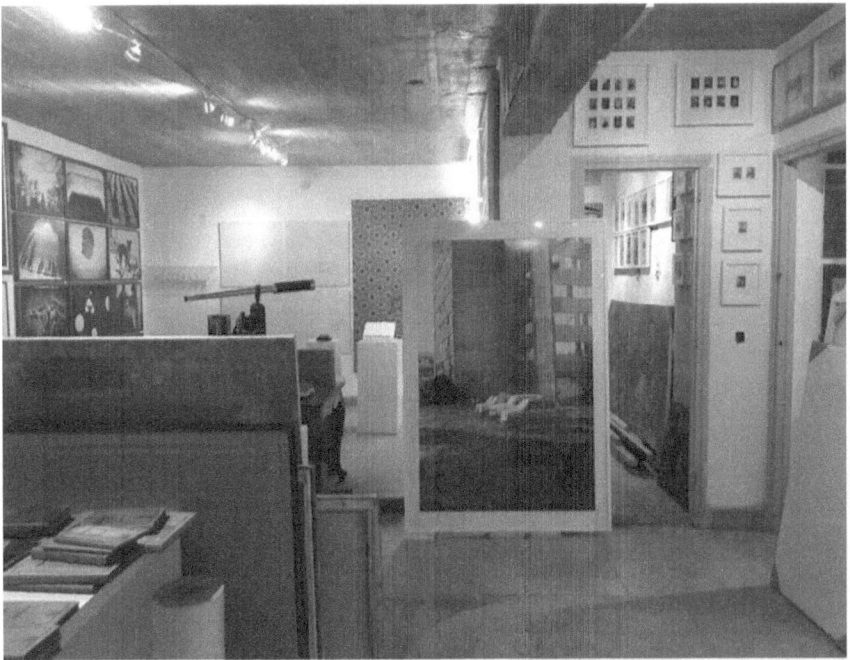

*Showroom* de El Apartamento. Vista de las obras en consignación, agosto de 2017.

conocidas. Vamos de nuevo a la de Miami a ver cómo nos va. Esta vez tenemos una cobertura, quiero decir que en el Pérez Museum se van a estar exhibiendo a los tres artistas que llevaremos a la feria como parte de una exposición colectiva del museo, que es uno de los más importantes de Miami. Además, en la Feria de Nueva York conocí a mucha gente del mundo del arte de esa ciudad, como The Margullies Collection [at the Warehouse]. Hice muchas relaciones. Si todo sale como parece, pienso que este año debe irnos al menos decentemente en Miami.

Las ferias hay que manejarlas con mucho cuidado. No tenemos a nadie detrás con una inversión para compensar pérdidas. Vamos haciendo con lo mismo que vamos ganando. Entonces hay que ser muy cuidadoso. A veces quisiera hacerlas todas, pero realmente no se puede. Hoy en día el mercado del arte se ha vuelto más difícil, sobre todo para los artistas emergentes. Es usual que se reporte la venta elevada de un Basquiat, por ejemplo, porque la gente compra arte avalado, que implique una inversión segura, pero el arte emergente se ha vuelto más difícil. No lo digo yo, lo dicen los estudios especializados.

*¿Han generado más ventas y visitas por la promoción internacional que a través del turismo cultural?*

Cómo no. Al principio mucha gente se abrió sus espacios y lo que hizo fue atiborrar el lugar de cuadros. Nadie pensó en hacer exposiciones. Todo el mundo estaba sentado esperando la visita que iba a venir. Nadie se propuso pagarse una feria, irse a afuera a hacer promoción, porque todo eso cuesta dinero. Yo he perdido dinero así. Pero ese es el riesgo que lleva. Siempre tuve claro que no iba a caer en la dinámica de esperar a ver quién venía a Cuba, cuándo me visitaban, si el guía lo traía o si me pedía no sé qué porciento. Ellos deciden a qué lugares llevan a sus grupos y a cuáles no. Hay quienes ya tienen sus puntos. A mí nunca me gustó eso. Yo prefiero salir al mundo y hacer contactos. Sé que de alguna manera eso siempre reporta mercado.

Aquí hemos recibido visitas del Guggenheim de Nueva York, del Museo de Filadelfia, del Bronx Museum. Los representantes del Pérez

Museum cada vez que vienen pasan por aquí, hacen su cita y traen compradores. Todos los museos han pasado por aquí. Se han estado inaugurando exposiciones en museos con obras que nos han pedido en consignación, ya sean en video, o en otros soportes. Esa es otra de las formas en la que estamos funcionando. Ahora mismo somos una referencia importante en La Habana para los museos internacionales y también para los curadores. A los organizadores de bienales que pasan por el espacio los ponemos en contacto directo con los artistas.

*¿Crees que los medios digitales han contribuido a solidificar a El Apartamento como referencia de la producción artística emergente?*

La página web ha estado funcionando muy bien. Hemos logrado vender a través de ella, que era algo que nunca habíamos hecho. La página tiene un tráfico increíble y muchas personas nos escriben por esa vía porque les interesa alguna obra en específico. Casi nunca se concreta pero hace un mes se concretó una venta por primera vez. Por eso siempre la tenemos actualizada, desde los currículos de los artistas, las exposiciones, hasta las ferias.

*¿Cómo ves el futuro de El Apartamento?*

Todo indicaba que habría más perspectivas, que era sólo trazar un plan de cómo acomodar las cosas en su lugar. Me encontré hace poco con alguien de Galería Habana y me comentó que ya estaba aprobado lo de las galerías privadas, que se iban a legalizar, que sólo estaban viendo los detalles de cómo hacerlo. Y al final uno se queda esperando y se pregunta si realmente pasará. Creo que no lo hacen porque es la única manera que tienen de aparecerse aquí mañana y cerrar todo esto. Ya la galería está echada a andar. Está en ferias importantes, y haber conseguido eso en tan poco tiempo es fundamental, no lo puedo dejar caer. Al principio, te confieso, era todo diversión, pero cuando la gente empieza a valorar tu trabajo te das cuenta de que estás en otro nivel. Las ventas del primer año fueron serias y mejoran cada vez más. Por aquí pasa más gente que en cualquier lugar, menos que en Nueva York. Vamos a ver ahora con las restricciones de Donald Trump.

*Tu experiencia previa con distintos modelos de emprendimiento ha sido provechosa para el funcionamiento de la galería. Una experiencia que a veces es más o tan necesaria como la formación teórica en arte.*

Desde que empecé el proyecto siempre sentí que iba a funcionar, a salir bien. Después de todo era sólo proponérmelo. Pero por ahí tengo también un montón de detractores. Hay gente que me cuestiona porque no estudié arte. Pero muy pocos galeristas han estudiado Historia del Arte, su función es vender. Los curadores no son galeristas. Un curador puede decidirse a trabajar en una galería. Yo toda la vida hice negocios, siempre vendí y siempre se me dio muy bien todo lo que hacía. Realmente se me da bien eso de convencer a alguien que está interesado en comprar. Historia del arte no estudié. Aprendí lo que pude y sigo aprendiendo. Todos los días aprendo algo. Estoy rodeado de gente que me enseña. En las ferias me actualizo con las obras de los artistas, y por dónde se mueve cada uno. He aprendido a valorar el arte, y a formarme mis propios juicios.

# El Apartamento: Exposiciones y Ferias de Arte, 2015-2017

*Atalaya*, exposición colectiva en colaboración con Galería-Taller Gorría. Participantes: Luis Enrique López-Chávez, Leandro Feal, Osvaldo González, Raúl Cordero, Adrián Melis, Ezequiel Suárez, Linet Sánchez, Lester Álvarez, Yaima Carrazana, Levi Orta, Diana Fonseca, Eduardo Ponjuán, Flavio Garciandía, Reynier Leyva Novo, Arlés del Río, Orestes Hernández, Alina Águila Ferrer, Yornel Martínez, Yunior Acosta, Adislen Reyes, Juan Carlos Alom, Miguel A. Machado, jorge&larry, Víctor Piverno, Irving Vera, Wilfredo Prieto, Carlos Garaicoa. Galería-Taller Gorría, La Habana, diciembre de 2017-marzo de 2018.

*Enanitos verdes*. Exposición personal de Miguel Alejandro Machado, diciembre 2017-febrero de 2018.

Untitled 2017. Participantes: Diana Fonseca, Eduardo Ponjuán y Reynier Leyva Novo. Miami Beach, EE.UU., 5-10 de diciembre de 2017.

ARTBO 2017. Participante: Reynier Leyva Novo. Bogotá, Colombia, 26-29 de octubre de 2017.

*Pelos en la lengua*, exposición personal de Alejandro González, septiembre-noviembre de 2017.

*Asimétrica*, exposición de Laura Lis Peña y Leandro Feal, agosto de 2017.

*Sputnik*, exposición personal de Eduardo Ponjuán, abril-agosto de 2017.

PARC 2017. Participantes: jorge&larry, Lester Álvarez y Miguel Alejandro Machado. Lima, Perú, 20-23 de abril de 2017.

The Armory Show 2017. Participante: Diana Fonseca. New York, EE.UU., 2-5 marzo de 2017.

ARCO Madrid 2017. Participantes: Reynier Leyva Novo y Yornel Martínez. Madrid, España, 22-26 de febrero de 2017.

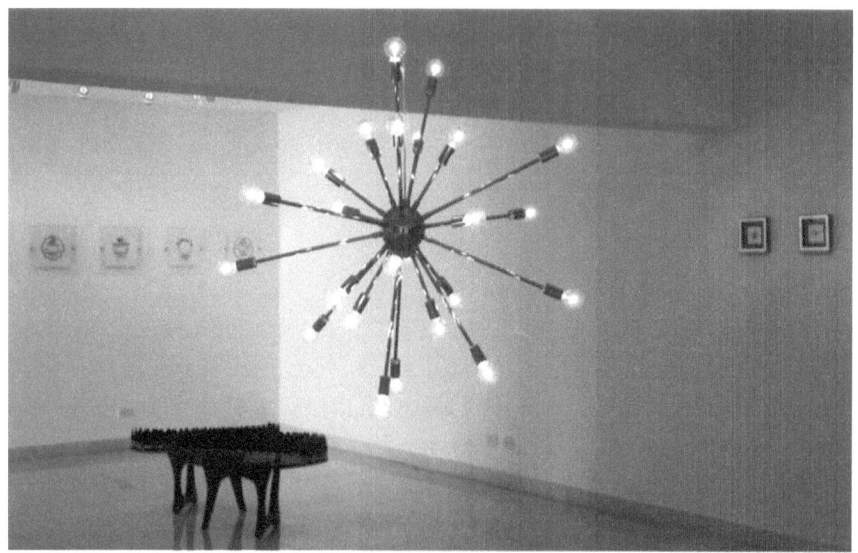

Vista de la exposición personal de Eduardo Ponjuán, *Sputnik*, abril-agosto de 2017. Cortesía de El Apartamento.

*Statement*, exposición personal de Yornel Martínez, febrero-abril de 2017.

*Blow up Blow up*, exposición de Joan Fontcuberta y Leandro Feal, diciembre de 2016-febrero de 2017.

ARTBO 2016. Participantes: Diana Fonseca, Ezequiel Suárez, Juan Carlos Alom y Yornel Martínez. Bogotá, Colombia, 27-30 de octubre de 2016.

*Extraña verdad*, exposición personal de Diana Fonseca, octubre-diciembre de 2016.

*54.67 metros lineales*, exposición colectiva. Participantes: Adrián Melis, Diana Fonseca, Eduardo Ponjuán, Ezequie Suárez, jorge&larry, Juan Carlos Alom, Lester Álvarez, Levi Orta, Miguel Alejandro Machado, Orestes Hernández, Reynier Leyva Novo, Víctor Piverno y Yornel Martínez, junio-agosto de 2016.

*Estado de silencio*, exposición personal de Lester Álvarez, abril-junio de 2016.

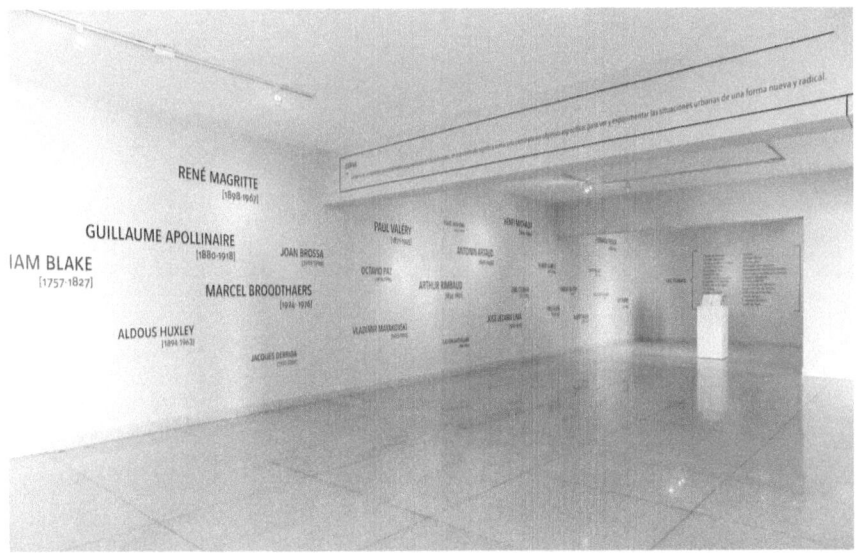

Vista de la exposición personal de Yornel Martínez, *Statement*, febrero-abril de 2017. Cortesía de El Apartamento.

*Las preocupaciones*, exposición personal de Ezequiel Suárez, febrero-abril de 2016.

*Criaturas de isla*, exposición personal de Juan Carlos Alom, diciembre de 2015- febrero de 2016.

SWAB Barcelona 2015. Participante: Yornel Martínez. Barcelona, España, 1-4 de octubre de 2015.

*Entre el uno y el dos*, exposición colectiva. Participantes: Adrián Melis, Levi Orta y Reynier Leyva Novo, septiembre-noviembre de 2015.

*Karaoke*, exposición colectiva. Participantes: Ezequiel Suárez, Lester Álvarez, Levi Orta, Wilfredo Prieto y Yornel Martínez, mayo-agosto de 2015.

# Catálogo Almenara

Aguilar, Paula & Basile, Teresa (eds.) (2015): *Bolaño en sus cuentos*. Leiden: Almenara.

Aguilera, Carlos A. (2016): *La Patria Albina. Exilio, escritura y conversación en Lorenzo García Vega*. Leiden: Almenara.

Amar Sánchez, Ana María (2017): *Juegos de seducción y traición. Literatura y cultura de masas*. Leiden: Almenara

Barrón Rosas, León Felipe & Pacheco Chávez, Víctor Hugo (eds.) (2017): *Confluencias barrocas. Los pliegues de la modernidad en América Latina*. Leiden: Almenara.

Blanco, María Elena (2016): *Devoraciones. Ensayos de periodo especial*. Leiden: Almenara.

Burneo Salazar, Cristina (2017): *Acrobacia del cuerpo bilingüe. La poesía de Alfredo Gangotena*. Leiden: Almenara

Caballero Vázquez, Miguel & Rodríguez Carranza, Luz & Soto van der Plas, Christina (eds.) (2014): *Imágenes y realismos en América Latina*. Leiden: Almenara.

Calomarde, Nancy (2015): *El diálogo oblicuo: Orígenes y Sur, fragmentos de una escena de lectura latinoamericana, 1944-1956*. Leiden: Almenara.

Campuzano, Luisa (2016): *Las muchachas de La Habana no tienen temor de dios. Escritoras cubanas (siglos XVIII-XXI)*. Leiden: Almenara.

Casal, Julián del (2017): *Epistolario. Edición y notas de Leonardo Sarría*. Leiden: Almenara.

Churampi Ramírez, Adriana (2014): *Heraldos del Pachakuti. La Pentalogía de Manuel Scorza*. Leiden: Almenara.

Deymonnaz, Santiago (2015): *Lacan en el cuarto contiguo. Usos de la teoría en la literatura argentina de los años setenta*. Leiden: Almenara.

Díaz Infante, Duanel (2014): *Días de fuego, años de humo. Ensayos sobre la Revolución cubana*. Leiden: Almenara.

Fielbaum, Alejandro (2017): *Los bordes de la letra. Ensayos sobre teoría literaria latinoamericana en clave cosmopolita*. Leiden: Almenara.

García Vega, Lorenzo (2018): *Rabo de anti-nube. Diarios 2002-2009. Edición y prólogo de Carlos A. Aguilera*. Leiden: Almenara.

Garrandés, Alberto (2015): *El concierto de las fábulas. Discursos, historia e imaginación en la narrativa cubana de los años sesenta*. Leiden: Almenara.

Giller, Diego & Ouviña, Hernán (eds.) (2018): *Reinventar a los clásicos. Las aventuras de René Zavaleta Mercado en los marxismos latinoamericanos*. Leiden: Almenara.

González Echevarría, Roberto (2017): *La ruta de Severo Sarduy*. Leiden: Almenara.

Gotera, Johan (2016): *Deslindes del barroco. Erosión y archivo en Octavio Armand y Severo Sarduy*. Leiden: Almenara.

Hernández, Henry Eric (2017): *Mártir, líder y pachanga. El cine de peregrinaje político hacia la Revolución cubana*. Leiden: Almenara.

Inzaurralde, Gabriel (2016): *La escritura y la furia. Ensayos sobre la imaginación latinoamericana*. Leiden: Almenara.

Kraus, Anna (2018): *sin título. operaciones de lo visual en 2666 de Roberto Bolaño*. Leiden: Almenara.

Loss, Jacqueline (2018): *Soñar en ruso. El imaginario cubano-soviético*. Leiden: Almenara.

Machado, Mailyn (2016): *Fuera de revoluciones. Dos décadas de arte en Cuba*. Leiden: Almenara.

— (2018): *El circuito del arte cubano. Open Studio I*. Leiden: Almenara.

— (2018): *Los años del participacionismo. Open Studio II*. Leiden: Almenara.

— (2018): *La institución emergente. Entrevistas. Open Studio III*. Leiden: Almenara.

Medina Ríos, Jamila (2018): *Diseminaciones de Calvert Casey*. Leiden: Almenara.

Morejón Arnaiz, Idalia (2017): *Política y polémica en América Latina. Las revistas Casa de las Américas y Mundo Nuevo*. Leiden: Almenara.

Pérez-Hernández, Reinier (2014): *Indisciplinas críticas. La estrategia poscrítica en Margarita Mateo Palmer y Julio Ramos*. Leiden: Almenara.

Pérez Cano, Tania (2016): *Imposibilidad del* beatus ille. *Representaciones de la crisis ecológica en España y América Latina*. Leiden: Almenara.

Pérez Cino, Waldo (2014): *El tiempo contraído. Canon, discurso y circunstancia de la narrativa cubana (1959-2000)*. Leiden: Almenara.

Quintero Herencia, Juan Carlos (2016): *La hoja de mar (:) Efecto archipiélago I*. Leiden: Almenara.

Ramos, Julio & Robbins, Dylon (eds.) (2018): *Guillén Landrián o los límites del cine documental*. Leiden: Almenara.

Timmer, Nanne (ed.) (2016): *Ciudad y escritura. Imaginario de la ciudad latinoamericana a las puertas del siglo XXI*. Leiden: Almenara.

— (2018): *Cuerpos ilegales. Sujeto, poder y escritura en América Latina*. Leiden: Almenara.

Tolentino, Adriana & Tomé, Patricia (eds.) (2017): *La gran pantalla dominicana. Miradas críticas al cine actual*. Leiden: Almenara.

Vizcarra, Héctor Fernando (2015): *El enigma del texto ausente. Policial y metaficción en Latinoamérica*. Leiden: Almenara.

www.ingramcontent.com/pod-product-compliance
Lightning Source LLC
Chambersburg PA
CBHW031430210526
45464CB00005B/2134